本书为2022-2023重庆市教育委员会国际化特色项目《以美为媒，缀美"一带一路"人文风景线》子项目"中老铁路沿线站点交互空间设计国际工作坊"、重庆市教育委员会研究生教育教学改革研究项目《环境艺术设计硕士研究生"全球胜任力"人才培养模式研究》(项目编号：YJG233115)项目成果

艺术介入空间

中老铁路沿线站点
环境设计探索

黄红春 著

中国建筑工业出版社

图书在版编目（CIP）数据

艺术介入空间：中老铁路沿线站点环境设计探索 /
黄红春著. -- 北京：中国建筑工业出版社，2024.7.
ISBN 978-7-112-30530-8

I. U291.1

中国国家版本馆CIP数据核字第2024LG5767号

　　艺术介入空间设计不仅是艺术在空间中的装饰或者点缀，更是一种深刻的文化表达和社会实践。本书通过对铁路环境设计相关概念的梳理，以及对地域特色、生态环保、功能优化、技术创新和文化传承等案例的研究，展现了艺术介入在铁路环境设计中的多维价值。同时，借助实际案例，从工作团队的组建、专家团队的协作、参与学生的调研，到建成环境的评价、用户体验的分析、文化主题的定位，以及功能提升和艺术空间置入的策略，为读者呈现了一个全面而深入的设计探索实践。本书适用于环境设计相关专业的从业者和在校师生阅读参考。

责任编辑：张　华　唐　旭
责任校对：赵　力
书籍设计：逸品书装

艺术介入空间　中老铁路沿线站点环境设计探索

黄红春　著

*

中国建筑工业出版社出版、发行（北京海淀三里河路9号）

各地新华书店、建筑书店经销

华之逸品书装设计制版

天津裕同印刷有限公司印刷

*

开本：787毫米×1092毫米　1/16　印张：8½　字数：142千字

2024年7月第一版　　2024年7月第一次印刷

定价：128.00元

ISBN 978-7-112-30530-8

（43923）

版权所有　翻印必究

如有内容及印装质量问题，请与本社读者服务中心联系

电话：(010)58337283　QQ：2885381756

（地址：北京海淀三里河路9号中国建筑工业出版社604室　邮政编码：100037）

前　言

铁路、公路等线性空间是人类创造的独特的空间环境，人们在这样的线性空间中移动，不仅能展开生产生活物资、信息的交流交换，还将不同的地理空间、地域文化串联起来，呈现出丰富的空间体验和独特的文化展示。本书以中老铁路这一独特的文化与地理纽带为参考点，探索艺术介入在铁路环境设计中的实践与创新，以及其对未来社会空间设计的启示与影响。

艺术介入空间设计，不仅是艺术在空间中的装饰或点缀，更是一种深刻的文化表达和社会实践。本书从艺术介入的界限与潜力出发，探讨了艺术如何重塑空间设计的价值，以及在不同文化背景下，艺术介入如何促进社会融合和文化交流。艺术介入空间设计的精髓在于其实用性、地域性、互动性、理性与创意的结合，以及功能与美学的和谐统一。

中老铁路作为一条连接中国与老挝的国际铁路，其环境设计自然融合了跨学科的思考。本书通过对铁路环境设计相关概念的梳理，以及对地域特色、生态环保、功能优化、技术创新和文化传承等案例的研究，展现了艺术介入在铁路环境设计中的多维价值。

本书的实践探索部分，详细记录了中老铁路站点环境设计项目的全过程。从工作团队的组建、专家团队的协作、参与学生的调研，到建成环境的评价、用户体验的分析、文化主题的定位，以及功能提升和艺术空间置入的策略，为读者呈现了一个全面而深入的设计探索案例。

书中展示了对艺术介入空间设计更深层次的理解，以及对中老铁路沿线站点环境设计探索的全新视角。希望本书能给读者带来更多对艺术与空间设计融合的思考与讨论，共同推动这一领域的学术研究与实践发展。艺术介入空间设计作为一种创新的社会实践，将不断推动社会观念和行为模式的转变，塑造新的文化形态。

黄红春

2023 年 12 月 19 日

目录

I

艺术介入空间设计

第一节　相关概念

一、介入艺术

介入（Engagement）大多指干预。这一概念是阿诺德·贝林特（Arnold Berleant）美学的主要理论基点，该问题的提出旨在挑战18世纪以来的"审美无利害"观念，强调实践的融入与审美经验显现和再生的意义。[①]

介入性艺术（Engaged Art）是20世纪90年代艺术的新样态。它属于公共艺术的一种。在形式上，介入性艺术呈现为在特定现场开展的，艺术家与参与者共同完成的，混合媒介的事件性艺术。这种基于特定现场发生的在地艺术实践揭示了艺术创作四要素，即现场、艺术家、观众、作品之间的主体对话关系，意味着介入性艺术的意义生成是在"剧场性"审美意义生成机制中产生的。在内容上，介入性艺术是指艺术家介入特定的社会现场，与现场展开批判性对话的艺术，它将艺术的触角伸入社会领域，取代抗议、游行等激进的政治运动，成为链接人际交往、修复断裂的社会纽带，激发对话、增进认同的社会与艺术综合体，是对现代主义审美自律性的否定，同时也预示了当代艺术的伦理转向。如今，介入性艺术与社区艺术（Community-based Art）、参与式艺术（Participatory Art）、合作式艺术（Collaborative Art）、新类型公共艺术（New Genre Public Art）等当代艺术的新现象均有相互重叠的内涵。[②]

二、艺术介入

艺术思维（Artistic Thinking）是指艺术创作中综合运用多种思维方式强调审美与创造性的思维。艺术思维追求灵感与直觉，相比传统逻辑，是一

[①] 向丽，赵威.艺术介入：艺术乡建中的"阈限"——兼论审美人类学的当代性[J].广西民族大学学报（哲学社会科学版），2021（4）.

[②] 周彦华，邱正伦."介入性艺术"的审美意义生成机制研究[D].重庆：西南大学，2016.

种不同的复杂方式，以捕捉艺术形象为目标，注重感知，强调多角度观察的思考与创新的重要性，并鼓励表达与沟通。由于艺术思维的复杂性和多样性很难用文字详细描述，所以表达自己对世界的感受方式更多地体现在艺术家的创作过程中，观者则通过欣赏、研究艺术家的作品和创作过程，从而达到深入理解艺术思维的目的。

艺术介入作为艺术思维的一种延伸，进一步将这种创造性和审美性带入社会领域，使之成为连接艺术与公众、艺术与社会的桥梁。艺术介入的产生来源于前卫的艺术思潮和艺术运动。德国先锋学派彼得·比格尔（Peter Bürger）最早提出"艺术介入社会"这一概念。享誉国际美学界的阿诺德·贝林特（Arnold Berleant）教授在所著的《艺术与介入》一书中提到，艺术介入理论是伴随美学思想的创新而产生的。早期美学思想的创新来自前卫的艺术流派，如古典戏剧只具有观赏的效果，但在未来主义流派的观念中，戏剧表演是一种创造演员与观者互动的方式，需要形成一种良性的互动。同样，作为前卫艺术流派的达达主义则承袭了"社会环境作为艺术参与"的观念，这些观念标志着艺术与生活的界限开始改变。

艺术介入空间的实践在西方从20世纪60年代开始流行，艺术家们尝试改变艺术形式以及艺术在社会中的作用。如20世纪70年代出现在户外的装置艺术，艺术家们将墙角、城市街道、废弃的厂房作为展览场地，这一做法成为抗议博物馆收藏、传统陈列艺术的方式，用以达到艺术与民众见面、互动的目的。迈阿密的"街道协作计划"将停车场改造为城市公园等公共艺术项目。伦敦南岸艺术区将废旧港口和码头变成了伦敦最富有活力的艺术聚集区，公众可以免费参与艺术活动，不少普通的英国家庭把这里视为亲和、放松的场所。艺术介入人民生活的理念也引起了机构和政府的推崇。1959年，美国费城通过了"公共艺术百分比"条例，条例要求在开展项目时，1%的预算必须用于艺术方面；1967年"公共空间艺术计划"由美国国家艺术基金会推动，专门化的艺术基金项目使艺术介入获得了迅速发展。[1]

三、艺术介入与介入艺术

艺术介入与介入艺术是两个密切相关但又有所区别的概念。艺术介入强

① 刘月月.艺术介入商业空间的设计策略研究[D].广州：华南理工大学，2021.

调的是艺术与社会现实的互动，它突破了传统艺术的界限，将艺术创作融入日常生活和社会实践。这种介入可以是批判性的，也可以是建设性的，目的在于激发公众的参与和对话，促进社会问题的反思和解决。介入艺术则更侧重于艺术作品本身与观众之间的互动，它通常涉及公共空间和社区，艺术家通过特定的艺术实践，邀请观众参与艺术创作过程，并共同完成作品的构建。

在艺术介入的过程中，艺术家不仅是创作者，也是社会参与者和变革者。他们通过艺术介入的形式，探索艺术与生活、艺术与社会的关系，挑战传统的审美观念，拓展艺术的边界。这种介入不仅丰富了艺术的表现形式，也为公众提供了新的艺术体验和思考角度，促进了艺术与社会的共同发展。

两者之间的关系可以这样理解：艺术介入为介入艺术提供了理论基础和实践方向。艺术介入的理念促使艺术家走出工作室，将艺术带入公共领域，与社会现实直接对话。而介入艺术则是这种理念的具体体现，它通过艺术作品与观众的互动，实现了艺术介入的目的。同时，介入艺术的实践也为艺术介入提供了丰富的案例和经验，进一步推动了艺术与社会的深度融合。

在当代艺术的发展中，艺术介入和介入艺术已成为不可或缺的一部分。它们不仅挑战了传统艺术的创作和展示方式，也为艺术与公众之间的互动提供了新的可能性。通过艺术介入和介入艺术，艺术作品不再是孤立、被动的观赏对象，而是成为社会对话和交流的媒介，促进了艺术与社会的共同发展。

第二节　艺术介入与社会

一、艺术的社会功能与责任

艺术在社会中的功能是多维的，它不仅提供审美体验，还承载着教育、启发、批判和治愈等多重角色。通过艺术介入，艺术不仅能够丰富社会文化生活，还能够促进社会的进步和发展。艺术的社会功能体现在以下几个方面：

（1）审美体验：艺术能够提供美的享受，丰富人们的情感生活，提升生活质量。

（2）教育与启蒙：艺术作品能够传递知识，启发思考，培养公众的审美和批判性思维能力。

（3）社会批判：艺术可以反映社会问题，提出批判，促进社会意识的觉醒和变革。

（4）文化交流：艺术作为一种文化表达，能够促进不同文化之间的交流和理解，增进文化的多样性。

（5）心理治愈：艺术活动能够帮助人们缓解压力，提供情感支持，促进心理健康。

艺术的社会功能与责任是相互关联的。艺术家和艺术机构应当意识到自己在社会中的角色，通过艺术实践为社会的可持续发展做出积极贡献。艺术的责任则要求艺术家和艺术机构在创作和展示艺术作品时，考虑艺术作品对社会的影响。艺术家应当承担起社会责任，通过艺术作品传递积极的价值观，促进社会和谐。艺术机构应当提供平台，支持有深度、有社会意义的艺术创作，推动艺术与公众的互动。

二、艺术介入与社会的关系

艺术介入作为一种文化实践，与社会的关系是复杂且互动的。它不仅是艺术家个人情感和思想的表达，更是社会文化、政治、经济等多重因素交织的产物。艺术介入通过其独特的形式和内容，能够对社会现实进行深刻的反思和批判，同时也能够提供一种新的视角，引导公众对日常生活和周围环境进行重新审视。

艺术介入的实践往往具有强烈的现场性和参与性，它在公共空间中发生，邀请公众成为艺术创作的一部分。这种介入可以是临时的，也可以是持久的，它能够激发社区的活力，促进不同背景和观点的人们之间的交流。艺术介入作为一种社会催化剂，能够激发社会变革，推动社会正义和进步。

此外，艺术介入还能够作为一种文化外交方式，促进不同文化之间的理解和尊重。通过艺术介入，不同文化背景的人们能够共享艺术体验，增进相互之间的理解和认同。艺术介入的这种跨文化交流功能，对于构建和谐多元的社会具有重要意义。

第三节　艺术在空间设计中的角色与定位

一、装饰与点缀

艺术在空间设计中的角色与定位是多层次且复杂的。艺术作品以其独特的形态、色彩和质感，为空间带来视觉上的吸引力和审美价值。在这一角色中，艺术作品不仅是静态的展示，更是动态的参与者，通过与空间的互动，创造出层次丰富、富有变化的视觉体验。艺术作品的装饰性激发了空间活力，引导人们的视线和情感，为空间赋予了个性化的特征和艺术化的氛围。

艺术作品的装饰点缀方式多种多样，壁画、挂画、雕塑、装置艺术，以及光影和色彩的巧妙运用。从墙面的绘画到地面的图案，从照明的灯具到家具的造型，每一处细节都可能成为艺术表达的载体。这些艺术元素的布局需要与空间的总体设计策略和美学理念相协调，以确保它们能够和谐地融入空间环境并发挥作用。壁画和挂画以其平面的艺术形式，讲述故事并传达主题，甚至还能影响空间的感知尺寸和比例。雕塑和装置艺术则以其立体形态为空间增添深度和动态感，引导人们的视线和行动路径，激发探索和互动的欲望。光影和色彩的巧妙运用，能够营造出不同的氛围和情绪，影响人们对空间的感知和心理反应。

在艺术作品的布局上，设计师需对空间的功能需求有深刻的理解，确保艺术作品的装饰性与实用性并重。例如，在商业空间中，艺术作品的布置可以吸引顾客的注意力，增加空间的吸引力和记忆点；在办公空间中，恰当的艺术点缀能够缓解工作压力，提升工作效率和创造力；在住宅空间中，艺术作品则能够反映居住者的个性和品位，营造出温馨舒适的生活环境。艺术作品的细节处理，如墙面的绘画、地面的图案、照明的灯具设计以及家具的造型选择，都是对空间进行精细化设计的重要方面。这些细节的艺术化不仅增强了空间的美感，还能够提升空间的品质感，为使用者带来愉悦的体验。艺术作品的选材、制作工艺和安装方式都需要经过精心设计，以适应空间的特定环境条件和使用需求。

卢浮宫作为世界著名的艺术博物馆，其空间设计本身就是艺术与建筑融合的典范。从宏伟的中央庭院到精致的展览长廊，艺术作品的布置与展示，不仅为参观者提供了丰富的视觉体验，也强化了空间的美学价值和文化价值。装饰性元素如壁画、雕塑、挂毯和精细的建筑细节，共同构成了卢浮宫独特的艺术氛围。馆内展览空间布置的画作、雕塑和古董，与建筑元素如拱门、柱子和天顶画相得益彰。艺术的装饰与点缀使得卢浮宫成为一个充满生命力和艺术气息的空间，让观者在其中不仅能够感受到空间的美感，也能够体验到艺术与历史紧密相连的和谐。

二、引导与标识

艺术在空间设计中的引导与标识，主要通过视觉艺术的形式增强空间的导向性、可用性和体验性。艺术作品在这一角色中，不仅是静态的装饰，更是空间引导的标志，通过其形态、色彩、布局和互动性，在美化环境的同时，还可以作为一种视觉语言，提供方向感和空间定位，引导人们在空间中的移动和行为，从而增强空间的功能性和用户体验。

艺术作为空间引导与标识的方式，可以是直观的。例如，通过壁画或装置艺术指示方向，通常以其鲜明的形象和易于识别的特征，直接指示方向或标明特定区域。这种直接的视觉提示，能够帮助人们迅速理解空间布局，明确自己的所在位置和目的地。也可以是隐晦的，更多地依赖于细节设计来潜移默化地影响人们的移动，如通过地面图案或光影变化引导人流。地面图案的设计，可以是连续的线性元素，引导人们沿着特定的路径行走；也可以是分散的图形元素，暗示空间的分区和功能。而光影的变化，则可以通过明暗对比和色彩变化，创造出空间的节奏和层次，引导人们的视觉焦点和行动方向。

在艺术引导与标识的方法上，设计师需考虑空间的流线规划、视觉焦点设置、色彩对比运用以及环境照明等设计。艺术作品的引导标识作用，需要与空间的导向系统、信息提示和功能布局相结合，形成一个统一而协调的引导体系。流线规划需要考虑人们在空间中的自然流动，避免拥堵和混乱；视觉焦点的设置，需要突出重要区域或艺术品，吸引人们的注意力；色彩对比和照明设计，能够进一步强化空间的层次感和引导效果。大型购物中心的空间设计中，通常会利用地面上的创意图案，引导顾客沿着特定的路线行走，同时通过顶棚上的装置艺术，指示不同功能区域的位置。艺术作品的布置，不仅可以帮助顾客快速找到目的地，更增加了购物体验的趣味性和探索性。

以纽约的高线公园（High Line Park）为例，这个项目将废弃的高架铁路改造成了一个公共空间，艺术在其中发挥了重要的引导与标识作用。高线公园的设计巧妙地利用了植物、长凳、灯光和艺术装置，引导游客沿着公园的路径行走。艺术装置和特定区域的设计，不仅提供了休息和观赏的空间，更通过其独特的形态和位置，成为公园中的地标性元素，帮助游客在公园中定位和导航。

三、诠释与表达

艺术在空间设计中的角色与定位，当聚焦于诠释与表达时，它超越了单纯的视觉美化，成为一种传递深层次文化、情感和理念的媒介。艺术作品在这一层面上，通过其独特的语言和形式，对空间进行深度的解读和创造性的表达，赋予空间灵魂和故事，让人们在其中感受到超越物理界限的精神体验。

艺术的诠释与表达是通过精心选择的主题、色彩、形态和材料来实现的。艺术家通过对这些元素的巧妙运用，将空间转化为一个能够讲述故事、传达情感、反映社会现象和文化价值的场所。艺术作品不仅是空间中的一个组成部分，更是空间精神的集中体现，它们能激发人们的想象力，引导人们进行思考和对话。在艺术诠释空间的过程中，创作手法的多样性至关重要。绘画、雕塑、装置艺术等传统艺术形式，通过其直观性和象征性，为空间提供了丰富的文化背景和情感色彩。同时，现代艺术形式，如多媒体艺术、光影艺术和互动艺术，通过技术手段增强了艺术作品的互动性和体验性，使人们能够更加深入地参与空间故事。艺术的诠释与表达不仅在于其美学价值，更在于其能够促进人们对空间的感知和理解。艺术作品能够将抽象的概念具体化，将隐藏的情感显现化，使人们能够在空间中体验到更加丰富和深刻的情感和思想。

以西班牙毕尔巴鄂古根海姆博物馆为例，这座由弗兰克·盖里设计的建筑本身就是一个艺术诠释空间的杰作。博物馆的建筑设计采用了流线型的形式和钛金属、玻璃等现代材料，创造出一个具有强烈视觉冲击力和未来感的建筑形象。博物馆的展览空间设计巧妙地利用了自然光线和空间的流动性，展示了艺术作品的美学价值，通过空间的设计和艺术品的布局，传达出艺术与社会、历史和文化的深层次联系。其不仅体现了毕尔巴鄂作为一个工业城市的转型和发展，也表达了对现代艺术和建筑创新精神的尊重和推崇。

第四节　艺术介入的形式与类型

一、艺术形式

在空间设计领域，艺术介入以其独有的形式丰富了空间的内涵与表达，这种多样性和深度通过对其艺术形式和类型的细致分类得以显现。艺术形式的划分通常基于创作手法、材质使用、技术运用，以及与观者的互动方式等因素。艺术形式的划分依据不仅包括其创作手法和表现媒介，还包括其在空间中的功能性和目的性。此外，艺术形式的选择和应用也需要考虑空间的物理条件、使用者的需求，以及设计的整体理念。

（一）传统艺术形式

传统艺术形式通常指的是那些历史悠久、技艺精湛的艺术手法，它们往往与特定文化和地区紧密相关，体现了人类艺术史上的经典风格和流派。传统艺术形式包括壁画、雕塑、陶瓷、金属工艺、纺织品艺术等传统工艺，它们在空间设计中的应用，是一种对历史和文化遗产的致敬与传承。这些艺术手法不但承载着丰富的历史信息和文化价值，而且在当代设计实践中仍然展现出独特的魅力和深远的影响力。通过传统艺术形式的介入，空间设计能够连接过去与现在，展现地域文化的独特性和多样性。

1. 壁画

传统艺术形式因其历史沉淀和文化传承而占据着核心地位。壁画作为艺术表现的经典媒介，承载着时间的深度和地域的广度。无论是在过去还是当代空间设计实践中，它们都以其独特的视觉冲击力和文化象征意义，发挥着不可替代的作用。

壁画作为一种古老的艺术形式，历史悠久，可追溯到古代文明的岩画和洞穴绘画。在当代空间设计中，壁画不再局限于墙面的装饰，而是扩展为一种强有力的视觉语言，用于诠释空间主题、讲述故事、表达情感，甚至影响空间的感知和心理感受。壁画的创作过程需要考虑多种因素，包括墙面的材质、空间的光线、观看的距离和角度等。艺术家需要与设计师、建筑师紧密合作，确保壁画的设计和实施能够与空间的整体风格和功能需求相协调。壁画的创作手法多样，可以是手绘、镶嵌、陶瓷或数字打印等形式，其大小和内容可以根据空间的具体需求和设计概念进行定制。壁画题材丰富，从抽象图案到具象场景，从自然景观到人物肖像，都能够为空间带来独特的视觉焦点和文化内涵。

在商业空间中，壁画常用于增强品牌形象，吸引顾客的注意力，提升购物体验。在公共空间，如图书馆、博物馆或交通枢纽，壁画则可以传达教育信息，反映社区特色或提供方向指引。在私人住宅或办公空间，壁画则能够反映居住者或企业的个性和品位，营造出个性化的环境氛围。以意大利佛罗伦萨的美第奇宫（Palazzo Medici Riccardi）为例，其内部的壁画由文艺复兴时期的艺术家创作而成，至今仍然保存完好，展示了当时社会、政治和宗教的主题。这些壁画不仅作为艺术品供人欣赏，更作为历史见证，让人们能够一睹文艺复兴时期的文化和生活。壁画通过视觉艺术的介入，为空间提供了丰富的文化表达和情感体验，增强了空间的美学价值和功能性。

2. 雕塑

雕塑是一种三维的艺术表现形式，它通过实体材料的塑造，创造出具有体积感和空间感的艺术品。在空间设计中，雕塑不仅作为一种独立的艺术展示，更作为一种环境语言，与建筑结构和空间布局相互作用，增强空间的视觉效果和艺术氛围。

雕塑的类型包括但不限于传统石材雕刻、金属雕塑、木雕以及现代材料，如玻璃、塑料或复合材料的雕塑。每一种材料都有其独特的质感和表现力，能够根据空间的主题和风格进行选择和创作。雕塑的尺寸和形态也极为灵活，从小件桌面装饰到大型公共艺术装置，均能够在空间中发挥其独特的作用。在室内空间设计中，雕塑常用于装饰和点缀，为空间增添艺术气息，提升空间品质。除了视觉上的装饰和美化，雕塑还能够在功能上与空间设计相结合。雕塑可以与座椅、喷泉、照明等其他环境元素相结合，形成多功能的艺术设施，既满足实用性需求，又提供审美体验。

在公共空间和户外环境设计中，雕塑还是城市文化和精神的象征，传递地方特色和时代精神。以美国芝加哥的"云门"（Cloud Gate）为例，这是英国艺术家安尼施·卡普尔（Anish Kapoor）设计的一件大型公共雕塑作品，位于千禧公园内。这件雕塑以其独特的椭圆形外观和镜面效果，成了芝加哥的城市标志之一。游客可以在雕塑下穿行，体验其反射和扭曲周围环境的奇妙效果，这件作品不仅美化了城市空间，也成了人们互动和享受艺术的平台。

3. 传统工艺与材料

传统工艺通常指的是那些历史悠久、技艺精湛的手工艺制作方法，如陶瓷制作、金属锻造、木工手艺、编织和刺绣等。这些工艺往往与特定的文化和地区紧密相关，承载着丰富的历史信息和民族特色。材料的选择同样关键，传统材料如木材、石材、织物、纸张和天然颜料等，不仅因其自然美感和温暖质感受到青睐，更因其可持续性和环境友好性而与现代设计理念相契合。

传统工艺与材料在现代空间设计中的应用可以是显性的，如空间中的手工艺品或艺术装置；也可以是隐性的，如在空间的材料选择和细节的处理中，通过对传统材料的巧妙运用，如使用木材的温暖质感、石材的自然纹理、织物的柔软触感，以及纸张和天然颜料的原始美感，为空间营造出一种温馨、自然、和谐的氛围，体现对传统工艺和材料的尊重与利用。例如，日本的和纸工艺，以其精湛的手工制作技艺和独特的质感，被广泛应用于现代室内设计中。和纸轻薄、透光和柔韧的特性，不仅适用于传统的屏风和灯具，也被创新地应用在墙面覆盖材料或现代家具设计中，展现出传统与现代的完美结合。传统工艺与材料的艺术介入不仅体现了对古老技艺的传承与尊重，还在当代空间设计的语境中展现出新的生命力和表现力，为现代空间设计提供了一种连接过去与未来的桥梁。

（二）现代艺术形式

现代艺术形式是艺术与当代社会、科技以及创新理念的结合。例如，数字媒体艺术、声景艺术、光影艺术、装置艺术等，它们通常具有更强的互动性和实验性。现代艺术形式在空间设计中的应用，是一种对传统美学边界的拓展，它通过与当代社会议题、科技进步以及创新理念的紧密结合，为空间赋予了新的生命力和表现力。这些艺术形式以其独特的互动性和实验性，不仅重塑了艺术与观众之间的互动关系，也加深了人们对所处时代和社会环境的认知与反思。

1. 数字媒体艺术

在空间设计领域，艺术介入的类型不只局限于传统艺术形式，现代艺术形式也占据着举足轻重的地位。其中，数字媒体艺术作为现代艺术形式的一种，以其独特的表现形式和技术手段，为空间设计带来了前所未有的创新和变革。

数字媒体艺术涵盖了利用数字技术创作的各种艺术作品，包括但不限于数字绘画、三维动画、互动装置、虚拟现实（VR）、增强现实（AR）以及音视频艺术等。这些艺术形式通过计算机和互联网技术的应用，打破了传统艺术在时间和空间上的限制，极大地丰富了空间的视觉效果和感官体验。其具有高度的定制性和可变性，设计师可以根据空间的具体需求和主题，创作出独一无二的数字艺术作品，甚至可以根据时间和环境的变化，实时更新艺术内容，使空间设计始终保持新鲜感和时代感。

以纽约时代广场的数字艺术装置为例，这个著名的公共空间通过大规模的数字屏幕和互动技术的应用，将广告、新闻、艺术作品等多种视觉元素融为一体，创造出一个充满活力和创意的城市景观。这些数字艺术装置不仅为时代广场赋予了独特的个性，也成了城市文化和艺术表达的重要平台。

2. 声景艺术

声景艺术，也称为声学景观设计或声音艺术，它关注于声音在空间中的运用，通过声音元素的创作与布局，影响并改善人们在空间中的感受和行为。声景艺术在空间设计中超越了简单的背景音乐播放，它涉及对声音环境的全面考量，包括自然的声音、人的声音、机械的声音以及其他所有可以听到的声音元素。通过对声源的选择、音量的控制、声音的分布和时间的安排，可以创造出和谐、具有特定情感色彩的声音环境，进而影响空间的氛围和人们的情绪。声景艺术在空间设计中的应用，可以是微妙的，如在办公室或医院中使用轻柔的自然声音来缓解压力，在零售空间中通过特定的声音艺术及设计来增强购物体验；也可以是显著的，如在展览空间中使用声音装置作为艺术表达的一部分，或在公共空间中通过声音引导和标识来辅助导航。

声景艺术不仅仅是技术上的实现，更是艺术创作的一部分。设计师需要具备对声音美学的深刻理解，以及对声音心理学和声学原理的掌握。日式禅园设计中，水声和风声的运用就是一种典型的声景设计。在这种设计中，自然的声音被巧妙地融入园林景观，创造出一种静谧和内省的氛围，引导人们进行冥想和放松。在现代城市空间设计中，声景艺术也被用来改善城市环境。例如，在城市公园和广场中，通过合理布局声音设施，可有效降低交通噪声带来的不良影响，为市民提供一个更加宜人的休闲空间。通过对声音元素的精心设计，丰富了人们在空间中的感官体验，更通过声音的艺术化处理，增强了空间的情感表达和文化意义，甚至激发出人们对空间的联想和记忆。

3. 光影艺术

光影艺术在展示空间设计中的应用是一个多维度的创新领域，它通过光与影的巧妙结合，为观众带来了视觉体验。这种艺术形式不只局限于传统的照明功能，还能够激发情感、引导视线，甚至讲述故事。

光影艺术的表现形式多样，从最基本的自然光与人造光的运用，到光影与材质、色彩的结合，再到现代多媒体技术的融合，每一种手法都能够创造出独特的空间氛围。自然光以其均匀的亮度分布和随时间变化的特性，为展示空间带来了一种自然且生动的美。而人造光则以其高度的可控性和灵活性，为设计师提供了广阔的创作空间，通过调节灯光的明暗、强弱、方向和色彩，可以精确地营造出设计者所需要展示的效果。在材质的应用上，例如木材、石材、金属等天然材料以及现代人造材料，都可以通过光影的渲染，展现出不同的质感和肌理。这种光影与材质的结合，不仅增加了空间的层次感，也为材料本身增添了美感。此外，色彩的运用在光影艺术中同样扮演着重要角色。色彩的丰富性和变化性，与光影的结合，能够创造出更加丰富多彩的展示空间。光影的变化使得色彩在空间中呈现出不同的效果，从而强化了展示的主题和情感表达。

现代多媒体技术的引入，为光影艺术带来了更多的可能性。全息投影、多媒体互动装置等技术的应用，不仅为观众提供了全新的观展模式，也为展示空间带来了更加生动和互动的体验。这些技术的使用，使得光影艺术不再局限于传统的表现形式，而是变得更加多元化和现代化。

许多展示空间通过光影艺术的应用，提升了空间的美学价值和功能性。例如，一些历史博物馆利用光影的变化来营造沉重的历史氛围，引导观众正面地感受历史。科技主题的展馆则通过冷色调的光影和虚幻的灯光效果，创造出一种神秘和科幻的空间感。光影艺术的类型也在不断地发展和创新中。从传统的光影投射、反射和折射，到现代的光影与多媒体技术的结合，每一种类型都能够根据不同的展示需求和主题，创造出独特的视觉效果。随着科技的发展和人们对美学要求的提高，光影艺术的应用将更加广泛和深入，为展示空间设计带来更多的可能性和更多的创新。

4. 装置艺术

装置艺术的核心特点之一是其对空间的深度整合。作为一种以空间为媒介的艺术形式，它不仅是物品的简单组合或展示，更是对空间的再定义。装置艺术作品往往需要结合具体的空间条件进行创作，包括空间的尺度、形态、光线条件，以及其文化与社会语境等多种因素。通过这些条件与艺术语言的融合，装置艺术作品能够在场所中营造出新的空间层次和体验模式，赋予空间更为丰富的意义表达。

相比传统艺术品以静态呈现为主的特质，装置艺术更强调动态与参与性。观众在装置艺术的环境中，不仅是旁观者，更成为空间体验的参与者，甚至共创者。这种参与可以是身体上的，也可以是心理上的，通过触觉、视觉、听觉等多感官的调动，让观众与艺术作品形成更为紧密的联系。装置艺术的这一特性，不仅拉近了艺术与公众的距离，也在一定程度上拓展了艺术的边界，使其更加贴近生活。

在创作中，装置艺术往往与技术、科学、建筑、音乐等领域产生交集，形成一种综合性的艺术表达。这种跨领域的特质，不仅丰富了装置艺术的表现形式，也为其在空间设计中的应用提供了更广阔的可能性。例如，装置艺术可以通过光影、声音、气味等多种感官元素的结合，塑造出充满情感与氛围的空间环境；也可以通过动态变化和定制化设计，契合不同场所的主题需求，使空间具有更强的个性化表达。

(三) 空间艺术表现形式

在空间设计中，色彩、形态、材质和肌理是四个不可或缺的元素，它们共同塑造了空间的美学特征和感官体验。

1. 色彩

色彩是空间设计中最为直观的元素之一。它不仅能够影响人们的情绪和心理感受，还能够在视觉上改变空间的尺度感。暖色调如红色和黄色，可以增添活力和温馨感；而冷色调如蓝色和绿色，则带来宁静和清新感。在空间中，色彩可以用来划分区域、引导动线或突出重点。例如，使用连续的色彩渐变可以引导人们的视线和步伐，而对比鲜明的色彩则能够吸引注意力，突出空间中的艺术品或特色区域。

2. 形态

形态是空间设计中的基础，它决定了空间的基本布局和风格。几何形态如直线和圆形，可以创造出简洁、现代的感觉，而有机形态则更加流畅、自然，能够增添空间的动感和活力。在设计中，形态的选择应与空间的功能和美学目标相协调。例如，公共空间可能需要更加开放和流动的形态，以促进人们的交流和互动，而私密空间则可能需要更加封闭和围合的形态，以提供安全感和隐私性。

3. 材质

材质不仅影响空间的触感和视觉效果，还关系着空间的舒适度和耐用性。不同的材质具有不同的质感、光泽和温度感，可以为空间带来丰富的感官体验。在空间设计中，可以通过材质的对比和搭配增加层次感和深度。例如，将光滑的金属与粗糙的木材相结合，可以创造出有趣的视觉和触觉对比。同时，材质的选择还应考虑其维护的便利性和环境的适应性。

4. 肌理

肌理是空间设计中的细节处理，它可以增加空间的丰富性和深度。肌理可以通过墙面、地面、家具或织物的表面处理来实现。在空间中，肌理的大小、密度和方向都会影响人们的感知和体验。例如，细腻的肌理可以带来精致和优雅的感觉，而粗犷的肌理则能够增添自然和原始的氛围。肌理的运用还应考虑其与形态和材质的关系，以实现整体的协调和平衡。

二、艺术介入空间的形式划分

艺术介入空间的形式具有多样性，取决于艺术介入空间的形态。下面将从空间的角度，在艺术介入空间的形式上进行划分，分为点状介入、线状介入和面状介入。[①]

（一）点状介入

点状介入即艺术介入呈点状分散，如在建筑中庭、拐角、入口等位置放置艺术装置、雕塑、绘画等。艺术是较为独立的存在，介入的发散范围小，人群吸引度与驻足时间有限。因此，需要考虑艺术作品与周围环境的

① 刘月月.艺术介入商业空间的设计策略研究[D].广州：华南理工大学，2021.

协调性，以及它们在空间中的布局和比例分布。通过精确的空间分析和人流模拟，确定艺术作品的最佳位置。点状介入空间直观且易于实施，因此常见于各类建成空间设计中，其介入程度根据艺术元素的体量、大小等对空间的影响程度不同，且不同空间的性质也对艺术元素的介入要求不同，如较大的等候空间可以设置大型互动装置，可以支撑起空间的整体叙事或引导用户进行持续地探索。

（二）线状介入

线状介入在空间设计领域是一种将艺术元素沿着特定的路径或轴线布置的方式。一般以人的行为动线作为艺术介入的路径，通过艺术元素的连续性来引导和影响空间使用者的感知和行为。这种介入方式强调艺术作品在空间中的流动性和序列性，进而创造出一种动态、有节奏的视觉和感官体验。

线状介入需要考虑对空间的流线、视觉焦点和功能区域的深入理解。艺术作品的布置应与空间的动线相协调，以增强空间的导向性和连贯性。其可以采用多种艺术形式，如壁画、装置艺术、雕塑或互动媒体艺术。空间中的艺术元素按一定的故事和主题情景进行布置，以线性空间环境引导人群活动。例如，在主要动线上使用同一种艺术装饰，人流会顺着装饰延续的方向前行。

（三）面状介入

面状介入指空间营造的艺术空间场所，在特定的空间区域内系统性地整合艺术元素，以创造一个沉浸式的体验环境，是承载艺术传播的主要场所。一种是在空间中形成小型展览、阅览、表演等文艺设施，另一种是在节点空间内的大面积艺术活动，能形成艺术场域的效应。面状空间的介入具有更强的参与性和互动性，吸引驻足，增加消费行为。这种介入方式强调艺术与空间的全面融合，不仅局限于单一的视觉展示，还可以通过艺术作品的分布、互动和参与来激活整个空间，增强空间的功能性和文化表达力。

面状介入需要考虑艺术作品与空间环境的和谐性。艺术元素的尺寸、色彩、材质和风格应与空间的整体设计相协调，艺术作品的布局和表现形式需要与空间的使用目的和用户行为紧密相关，要充分考虑空间的光线、声音和其他感官元素。艺术元素作品可以使种类更为丰富，包括但不限于装置艺术、多媒体艺术、互动艺术和环境艺术，构建一个多层次、多感官的艺术体验。这些艺术作品不仅可以作为观赏的对象，更可以作为空间叙事和交流的媒介，促进用户之间的互动和参与。

第五节　艺术介入空间的程度

一、轻度介入：空间装饰与艺术点缀

轻度介入，通过引入艺术作品或装饰元素来提升空间的视觉和文化价值，同时保持对空间原有功能和结构的最小干预。这种介入方式通过壁画、雕塑、装置艺术等视觉艺术形式，为空间增添美学价值和视觉焦点，但并不改变空间的基本使用功能。艺术作品的选择和布置需要与空间环境相协调，以确保它们能够和谐地融入空间背景，成为视觉元素的一部分，而不是主导元素。

轻度介入强调艺术作品与空间环境的和谐融合，同时具有一定的灵活性和可更换性，允许空间根据使用需求或艺术趋势进行适时更新。这种介入方式的成本效益较高，实施速度快，易于管理，适合需要快速提升环境品质的场合。艺术作品不仅能够激发用户对空间的感知和思考，还能反映和传达特定的文化、历史或社会价值，为空间赋予更深层次的意义。

以巴黎北站为例，其艺术介入的方式传递了法国的文化特色和艺术风格。其艺术作品由专业艺术家创作，通过壁画和雕塑的形式展现了法国的历史、文化和日常生活场景，不仅提升了站点的视觉吸引力，也反映了法国的艺术传统和文化韵味，与站点的功能性和美学需求相结合，在旅途中为旅客提供了审美体验。

二、中度介入：空间功能与氛围营造

中度介入在空间设计中是一种更为深入的艺术参与方式，它超越了轻度介入的装饰性作用，通过艺术作品与空间功能的整合，对空间的氛围和体验

进行塑造和强化。这种介入方式涉及对空间布局、流线、光线和材料等元素的考量，以实现艺术与空间的有机结合。

在中度介入中，艺术作品不仅是空间的装饰，更是空间功能的一部分，作品的设计和位置需要与空间的使用目的和用户行为紧密相连，以促进空间的功能性和提升用户的体验。这些艺术作品可以是引导视线和人流的装置，也可以是提供休息和社交功能的家具，甚至是增强空间导向性的标识系统。此外，中度介入还涉及对空间氛围的营造，艺术作品通过色彩、形态、质感等视觉语言，声音、气味、光线等感官元素，共同作用于空间，创造出特定的情绪和氛围。这种氛围的营造有助于强化空间的主题和特色，使其更加生动并具有记忆点。

以阿姆斯特丹中央车站的改造项目为例，其采用彩色玻璃和现代艺术作品进行装饰，巧妙地利用了自然光线，创造出光影交错的效果。阳光透过彩色玻璃投射在车站的各个角落，形成了斑斓的色彩。阿姆斯特丹中央车站的改造还特别注重细节的艺术化处理，如地面的图案设计、墙面的装饰，乃至电梯和扶梯的外观，这些细节的设计既展示了荷兰的文化特色，也为旅客提供了一个充满艺术氛围的候车环境。通过中度介入艺术的运用，阿姆斯特丹中央车站不再是一个简单的交通转换点，而是一个充满活力、色彩和艺术美感的公共空间。

三、深度介入：空间重构与体验互动

深度介入超越了传统装饰的界限，将艺术与空间的功能性、结构性和体验性融为一体，它涉及对空间的彻底重构和对用户体验的深度互动。这种介入方式不只局限于表面装饰或功能补充，而是通过艺术的介入重新定义空间的本质特征和使用方式。这要求设计师对空间进行根本性的思考，包括空间布局的重组、流线的优化、光线和材料的创新使用，以及对空间功能的重新诠释。

在深度介入中，艺术与空间的界限变得模糊。空间不仅仅是一个静态的背景，而是一个充满活力，能够引发情感共鸣和思考的场所。艺术作品在这种介入中扮演着核心角色，它们不仅是视觉焦点，更是空间体验的主导者，引导和激发着用户的情感和行为。艺术作品与空间元素相互渗透，共同创造出一种全新的空间体验。这种体验是互动的、参与性的，鼓励用户与空间进行交流和对话，从而实现空间与用户之间的动态互动。

　　毕尔巴鄂地铁站的深度介入艺术设计是空间设计领域中的一个创新实践，展示了艺术如何深度参与并重塑公共空间，创造出独特的空间体验。它将传统的交通站点转变为一个地下艺术馆，彻底颠覆了人们对地铁站的常规认知，实现了空间的全面重构和体验的深度互动。在毕尔巴鄂地铁站，每个站点都被设计成一个独立的艺术空间，拥有独特的艺术作品和设计元素。墙面的陶瓷锦砖装饰、顶棚的灯光设计、地板的图案以及站内家具的造型，每一个细节都经过了精心的艺术化处理。旅客在等待和换乘时能够享受到艺术的熏陶，使得旅客在匆忙的旅程中放慢脚步，欣赏周围充满创意的艺术作品，体验到艺术与日常生活的完美结合。此外，许多艺术作品融入了巴斯克地区的传统元素和符号，让旅客在穿行于站点的同时，也能了解到当地的文化特色和历史故事，体现了对当地文化和历史的尊重，强化了站点作为城市文化展示窗口的功能。

第六节　艺术介入用户体验的方式

一、参与式介入

　　用户进入空间时，与在其中的艺术空间产生一系列的交互关系，无论是视觉、感知还是场景的交互，都能够自发地或被动地参与其中。艺术的介入为用户提供了体验所需的感官、行为、服务的参与空间，可以看作一个具有特定功能的空间升级与转型。升级后的空间更加注重用户在其中的体验与情感需求，相互赋予新的参与方式，这个过程将空间中的因素进行了大融合，体现了"艺术与空间""艺术与人""空间与人""人与人"之间的交融与共生的关系，用户的参与并不单单强调了用户与艺术之间的互动关系，而是在全局的视野中实现了整个环境的体验效果。

二、体验式介入

空间内存在的艺术形式的感知与需求，通过艺术的介入来构建用户的内心期许，以一种新型的设计理念植入空间，不仅为用户带来了特殊的感知赋能，还带来了优质的空间体验。艺术的介入不仅能够改善用户在空间中的出行体验，更在出行前构建了出行空间场景下的情感期许。

秉持着基于体验设计的思维与路径，能够为用户赋予艺术化的审美感知，借助体验设计的思维与方法，明确艺术的介入是为了改善用户在空间中的体验方式。了解用户在空间内的感知需求，分析艺术对于用户能够起到的情感作用，探究用户在空间中可能产生的情绪、真实需求以及触发的行为，最后将艺术作品基于用户体验进行合理的介入。

三、沉浸式介入

用户经过前期的感知需求，并在空间体验过程中发生一系列的行为参与，在心理与行为需求上均得到了极大的满足，最终感受到以设计为日常生活场景所带来的美学价值。艺术的介入能够将用户与空间连接起来，其也在一定意义上触发了用户对于艺术所要表达观念的共情，并且沉浸其中，进而引发用户在离开有艺术存在的场景之后带来的情感回溯，这对用户的审美、空间文化都有着升华的作用。艺术作品不仅是常态化的功能形态，更是明确地具有和空间匹配的新功能，能够缓解用户的心情与状态，让用户有机会改善自己的精神需求。[①]

① 王洋.公共艺术介入城市交通枢纽空间的体验设计研究[D].桂林：广西师范大学，2021.

II

第二章

铁路客运站的空间
特征分析

第一节 铁路客运站的流变

铁路客运站作为铁路系统的重要组成部分，其设计风格和功能需求随着时间的推移和社会需求的变化而经历了显著的演变。从19世纪的初创期到21世纪的现代化发展，铁路客运站的功能性和作用性经历了从简单到复杂、从单一到多元的变化。

1. 早期铁路客运站（19世纪中叶至20世纪初）

铁路客运站的早期发展与铁路技术的诞生紧密相关。这一时期，铁路客运站主要作为铁路运输的起点和终点，承担着基本的旅客运输和货物运输功能。例如，1825年英国的达林顿至斯托克顿铁路开通，标志着铁路客运站的诞生。这些早期的铁路客运站通常具有简单的结构和功能，以满足基本的运输需求。

2. 第一代铁路客运站（20世纪初至20世纪70年代）

随着工业化进程的加快，铁路客运站开始承担更多的运输任务，其规模和功能也相应扩大。这一时期，铁路客运站的设计开始注重旅客的舒适度和运输效率。例如，英国伦敦的圣潘克拉斯火车站（1868年开通）和德国法兰克福火车站（1888年开通）等，都是这一时期铁路客运站的代表。这些车站不但规模宏大，而且在建筑风格上反映了当时的流行思潮，如新古典主义和折中主义。

3. 第二代铁路客运站（20世纪70年代至2000年）

进入现代社会，随着经济的快速发展和城市化进程的加快，铁路客运站的功能开始从单一的运输转向更加综合的服务。这一时期的铁路客运站开始整合多种交通方式，如地铁、公交等，形成了多式联运的交通枢纽。例如，法国巴黎北站（1864年重建开通）和德国汉诺威火车总站（1847年建成）等，都是这一时期铁路客运站的典型代表。这些车站在设计上更加注重旅客的流动性和换乘的便利性。

4. 第三代铁路客运站（2000年至2020年）

21世纪初，随着高速铁路的快速发展，铁路客运站进入了一个新的发展阶段。这一时期的铁路客运站不但规模宏大，而且在功能上更加综合，可以提供包括商业、餐饮、娱乐等在内的多种服务。例如，中国的北京南站（2008年建成）、上海虹桥站（2010年建成）等，都是这一时期铁路客运站的代表。这些车站在设计上强调了空间的开放性和连通性，以及与城市其他部分的无缝对接。

5. 第四代铁路客运站（2020年至今）

最新的铁路客运站设计进一步强调了智能化和绿色化。国内外的铁路客运站开始集成智能交通系统，提供个性化的旅客服务，并采用可持续的建筑材料和技术。例如，德国柏林中央火车站和日本京都火车站等，都是这一时期铁路客运站的代表。这些铁路客运站在功能上不仅是交通枢纽，更是城市生活的中心，提供了丰富的公共空间和社区服务，促进了站城融合。

尽管国内外铁路客运站的演变历程具有共性，但也存在一些差异。在西方国家，铁路客运站的早期发展受到了工业革命的推动；而在中国，铁路客运站的发展则受到了晚清时期外来势力的影响和中华人民共和国成立后的国家统一规划建设。此外，西方国家的铁路客运站在设计上更早地融入了现代主义风格，而中国的铁路客运站在设计上则更多地体现了民族风格和地域文化。

从功能性和作用性的角度看，铁路客运站的变化反映了社会需求的演变。早期的铁路客运站主要承担运输功能，而现代的铁路客运站则更加注重旅客体验和服务多元化。随着城市化和全球化的发展，铁路客运站已成为城市的重要组成部分，对城市的经济发展、文化交流和居民生活产生了深远的影响。

铁路客运站的演变是一个持续的过程，它不仅反映了技术进步和社会发展，还体现了人类对于交通、空间和生活方式的不断探索和创新。随着科技的发展和人们对生活质量要求的提高，未来的铁路客运站将更加智能化、人性化和绿色化，成为城市发展的重要推动力。

第二节 铁路站点的设计范畴

铁路站点作为城市交通的枢纽，不仅是人们出行的起点和终点，也是城市文化和精神面貌的展示窗口。随着城市化进程的加快，铁路站点的设计不再局限于功能性的满足，更追求美学与艺术性的融合。本书将铁路站点划分为站前广场、站房、站场三个部分，每个部分都承载着不同的功能和意义。本节将从艺术介入的角度，探讨如何通过艺术手法的运用，提升铁路站点的整体设计，展现艺术介入在铁路站点设计中的重要性。

一、站前广场空间设计

（一）组成

铁路站前广场是交通站场与城市内部交通的过渡空间，是静态、动态交通的中心区域，是城市交通与站场的沟通区域，联系着铁路运输与城市交通，是人流和车流的集散空间。[①] 广场上设有旅客活动区、停车设施、服务设施以及绿化区域，确保旅客能够安全、高效地集散。除了基本的交通疏导和人流集散功能，铁路站前广场还有交流功能、景观功能、服务功能等。铁路站前广场由铁路站房、邻近的市政建筑、道路等元素共同构成，形成了一个开放的公共空间。在布局上，广场融合了服务设施、商业设施、公共服务设施以及休闲景观设施，形成了一个多功能的城市交通综合体。铁路站前广场的功能不仅限于人流的快速集散，还包括文化交流、生态休闲等多元化作用。它不仅是城市交通的重要组成部分，也是城市生活和文化展示的场所。

---

① 宋国斌.基于地域文化特色的高铁站前广场景观优化设计[D].石家庄：石家庄铁道大学，2022.

（二）功能

1. 基本功能

铁路站前广场作为城市的重要交通枢纽和公共空间，其设计综合考虑了交通、环境、休闲社交等基本功能，满足旅客和市民的多样化需求。首先，在人群活动方面，站前广场提供了宽敞的开放区域，便于旅客等待列车、转乘、休息、社交、交流、用餐等多种活动。其次，交通疏导和人流集散也是铁路站前广场的重要功能。通过精心规划的道路布局、交通信号系统和导向标识，广场可有效引导车辆和行人的流动，减少混乱和拥堵。广场的设计充分考虑了高峰时段大量旅客的集散需求，通过宽敞的通道、明确的导向标识和紧急疏散路线，确保了旅客能够快速、安全地进出车站。广场配备了充足的停车位，包括为私家车、出租车和公共交通工具设计的停车区域。这些停车区域的设计考虑了快速进出的需要，通过智能停车系统和清晰的指示牌，提高了停车效率，减少了交通拥堵。在特殊事件或大型活动时，广场还能迅速转变为疏散和集会的场所，展现了其灵活性和应急能力。

2. 辅助功能

铁路站前广场的辅助功能对于提升旅客体验和确保广场运营效率至关重要。除了基本功能以外，站前广场的商业、景观等辅助功能，共同构成了站前广场服务的重要组成部分，增强了广场的综合性和应对各种情况的能力。

在商业功能方面，铁路站前广场提供多样化的商业服务，不仅满足了旅客的即时需求，也为当地经济注入了活力。广场上的商业设施通常包括便利店、快餐店、咖啡厅、书店、纪念品商店等，这些店铺常常是当地特色商品和文化的展示窗口，旅客可以在这里购买具有地方特色的手工艺品、纪念品，甚至还可以品尝到地道的当地美食，这样的商业布局不仅丰富了旅客的体验，也促进了地方文化的传播。商业设施的布局往往与旅客的活动流线紧密结合，确保旅客在进出车站的过程中能够轻松地接触到这些商业点。

站前广场的商业活动还包括临时性的市场和促销活动，以吸引更多的人流，增加广场的活力，对周边商业环境起到带动作用；同时，吸引更多的投资和商业发展，形成以站前广场为中心的商业圈，进一步促进了城市的商业繁荣和经济增长。在一些特殊节日或活动期间，站前广场的商业区域可能会举办主题市集、文化展览等，这些活动不仅增加了旅客的停留时间，也为广场带来了更多的经济收益。

此外，铁路站前广场还具有丰富的交流、景观和服务功能。作为城市的一个重要组成部分，广场不仅是旅客的集散地，也是文化交流的平台。广场经常举办各种文化活动和艺术展览，促进了文化的传播和交流。

二、站房空间设计

（一）组成

站房内部空间是旅客直接接触和使用的主要区域，它通常包括候车大厅、售票区域、进出站通道、商业区、餐饮服务区、休息区、商务候车室、母婴室、无障碍设施等。这些空间的设计旨在为旅客提供一个舒适、便捷、安全的候车环境。铁路站房的功能共同构成一个综合性的服务系统，不仅满足了旅客的基本需求，还提供了丰富的文化体验和社交机会，使其成为城市生活中不可或缺的一部分。随着铁路技术的发展和旅客需求的多样化，铁路站房的功能也在不断地扩展和深化，以适应时代的发展和旅客的期待。

（二）功能

1. 基本功能

铁路站房作为铁路系统的重要组成部分，其基本服务功能是支撑旅客铁路旅行全流程的基础设施。这些功能确保了旅客能够从购票到上车，再到离站的每一个环节都顺畅无阻。售票处是旅客旅程的起点，提供着车票的售卖和相关服务；候车区则为旅客提供了一个安全、舒适的环境，使他们能够在等待列车到来时放松身心；而进出站通道的设计，旨在引导旅客有序流动，避免拥堵和混乱。行李寄存和失物招领服务则体现了铁路站房对旅客需求的关注和贴心，帮助旅客解决旅途中的诸多不便。

信息显示屏和广播系统是铁路站房信息传递的关键工具，它们及时准确地向旅客传达列车动态、安全提示等重要信息，确保了旅客能够及时获取所需信息，从而做出相应的行程调整。此外，站房内的工作人员提供的引导和咨询服务，是确保旅客能够快速、准确地找到所需服务或设施的重要保障，体现了铁路站房以旅客为中心的服务理念。

2. 辅助功能

辅助功能在提升旅客的铁路旅行体验方面发挥着至关重要的作用。餐饮服务、商业零售和休闲设施等辅助服务，不仅满足了旅客在候车期间的基本生活需求，还为他们提供了多样化的选择和舒适的休息环境。站房内的咖啡厅、快餐店、书店和便利店等，为旅客提供了丰富的餐饮选择和便利的购物体验。而银行、邮局、医疗等所提供的服务，则进一步丰富了旅客的服务体验，满足了他们在金融、通信和健康方面的需求。

除此之外，铁路站房还具有文化与社交功能，使其超越了单纯的交通建筑，成为城市文化和社交活动的重要场所。站房内部装饰和设计中融入的地方文化元素，如艺术作品、展览、历史展示等，不仅美化了站房环境，也成为传播和展示地方文化的重要窗口。这些文化元素的融入，使旅客在匆忙的旅途中也能感受到地方文化的魅力，增加了旅行的文化体验。同时，铁路站房作为社区活动的场所，举办各类文化活动和社交聚会，如音乐会、艺术展览、节日庆典等，不仅丰富了当地居民的文化生活，也吸引了来自各地的旅客参与，增强了社区的凝聚力，使铁路站房成为城市文化生活的重要组成部分。

三、站场空间设计

（一）组成

在广场—站房—站场三者的设计中，站场组成构件受铁路机械设备的影响和制约，且旅客上车时间短，流线简单，因此站场的设计最容易被忽视。但随着经济的发展，人们的需求提升，站场设计也逐渐得到重视。站场客运设施主要包括站台及雨篷、跨线设施（地道和天桥）[①]，站台及雨篷为乘客提供了上下车的空间，并在恶劣天气条件下提供了必要的遮蔽，跨线设施如地道和天桥，确保了乘客能够安全地穿越轨道，避免了与列车的潜在冲突。

站场作为铁路站点的运营区域，其艺术介入设计则更侧重于安全、导向和环境的和谐。通过标识系统的创意设计、绿化景观的融入，以及光影艺术的巧妙布局，站场可以变得更加有序、安全，同时为旅客提供愉悦的视觉享受。

（二）功能

站台空间是公共交通系统中的核心区域，为乘客提供了一个安全、便捷的等候和上下车的环境。在这里，乘客可以查看电子显示屏获取列车或公交

---

① 盛晖.超越交通：铁路客运站设计的演进与创新[M].武汉：华中科技大学出版社，2021.

车的实时到达信息，同时站台上清晰的导向标识帮助他们快速找到所需线路。紧急情况下，站台配备了紧急电话和按钮，确保乘客能够及时求助。考虑到不同乘客的需求，站台还设有无障碍设施，如轮椅坡道和专用电梯。此外，为了提升乘客的体验，部分站台还提供商业服务，如便利店、自动售货机以及休息区，可供乘客在等待时坐下休息。

第三节　铁路站点的设计需求

一、站前广场设计需求

铁路站前广场的设计需求是多方面的，它需要综合考虑功能性、安全性、舒适性、美观性、可持续性以及文化性等多个维度。首先，功能性是设计的基础，站前广场是铁路站点与城市交通网络连接的关键点，承担着引导和分散大量人流、车流的任务。广场必须提供足够的空间以满足旅客的集散需求，包括宽敞的步行区域、清晰的导向系统，指示牌、地图和信息显示屏，便捷的交通连接点以及充足的停车设施。同时，广场应设置充足的公共交通接驳点、出租车停靠区、私家车和自行车停放设施，以实现多模式交通的无缝对接。

其次，安全性至关重要，设计中需要考虑人流和车流的有效分离，确保紧急情况下的快速疏散，如设置足够的安全出口、设计合理的疏散路线、配备必要的疏散指示标志等。在紧急情况下，如火灾、地震等，广场的管理人员和安保人员需要迅速启动应急预案，引导旅客有序疏散。广场应配备必要的应急设施，如消火栓、灭火器、急救站等，以应对可能的紧急情况。此外，还可以通过监控系统和照明设计来提高广场的监控能力和夜间安全。

舒适性和美观性是提升旅客体验的关键：舒适性方面，广场应提供足够的座椅、凉亭和休息区，以及无障碍设施来满足不同旅客的需求；美观性方面，则通过绿化景观、艺术装置、水景元素和照明设计来实现。精心规划站前广场的绿化带、花坛、草坪和树木，增加生态设计元素如雨水花园、透水铺装和绿色屋顶，有助于调节城市气候，减少热岛效应，同时促进生物多样性。

此外，广场设计还需考虑商业活动的布局，精心规划商业空间与旅客流线的融合，确保商业区域既方便旅客访问，又不会干扰主要交通流动。商业布局通常围绕旅客的需求展开，包括设置多样化的零售商店、特色餐饮、咖啡店以及旅游纪念品店等，旨在提供一站式的购物和餐饮体验。在设计上，商业区域的分布应与广场的人流集散点相结合，如在主要的出入口附近、候车区周边或旅客休息区设置商店和餐饮点，以吸引旅客并提供便利。同时，商业空间的设计也应考虑视觉吸引力和可达性，通过店面设计、招牌和橱窗展示来吸引顾客，并通过合理的通道和指示系统来提高商业区域的可访问性。

二、站房设计需求

在具体设计上，站房应根据车站规模和旅客流线合理地设置进站、出站集散厅，以确保旅客的舒适体验和安全。商务候车室的设计也应符合相关规定，提供差异化服务，提升铁路客运服务形象。站内旅客服务商业设施的设置也应根据客流量、旅客需求及发展潜力进行合理规划，并预留必要的接口条件。总的来说，铁路站房是铁路车站的核心建筑，它不仅承载着运输功能，也是展示城市形象和文化的重要窗口，其设计和建设需要综合考虑功能性、生态性、安全性、舒适性以及美观性等多方面因素。

在设计时，候车大厅通常宽敞明亮，配备充足的座位和便利的充电设施，以满足旅客的休息和充电需求。售票区域则提供人工售票和自动售票机，方便旅客购票和查询。进出站通道须设计合理，以确保旅客能够快速、有序地进出车站。商业区域和餐饮服务区提供多样化的商品和服务，可满足旅客的购物和饮食需求。休息区和商务候车室为旅客提供了一个安静舒适的休息环境，特别是商务候车室，通常配备商务服务设施，如商务中心、会议室等。无障碍设施的设计体现了对特殊旅客群体的关怀，如无障碍通道、无障碍卫生间、盲道等。此外，站房的设计还应体现地域文化特色，增加空间的可识别性，展现城市的现代化水平和科技创新能力，从而提升城市形象。

三、站场设计需求

在设计站场空间时，必须综合考虑多个关键要素以确保其功能性和安全性。首先，基于对枢纽日客流量的准确预测与分析，设计应满足不同时间段的客流分级需求。安全是设计中的首要关注点，需要包括防火、防洪、防风雪、防地震等多重防灾设施，并符合国家相关标准。同时，无障碍设计是必不可少的，以确保残疾人和行动不便的乘客能够方便地使用站台设施。

导向标识和信息显示屏的设置对于乘客快速获取列车或公交车的到达和延误信息至关重要。紧急情况下，紧急电话和按钮等紧急设施的配备是保障乘客安全的重要措施。此外，根据当地气候条件，环境控制系统的设计要确保乘客的舒适度，而智能化系统则可以提高能效和管理效率。

第四节 铁路站点用户需求分析

一、生理需求

1. 安全需求

站点必须设置安全的进出通道和明确的指示标识，确保所有乘客，包括行动不便的人士，均能轻松到达站台。安全措施，如监控设备、紧急疏散出口和无障碍设施，是基本要求。站点应提供宽敞的空间，避免拥挤，确保乘客在候车、购票和通行时的舒适与便利。此外，紧急服务的配备是保障乘客安全的重要措施。站点应配备紧急医疗服务点和急救设备，以及易于识别的紧急呼叫点，确保在紧急情况下能够迅速响应。信息与导航系统须设置完善，提供易于理解的指示牌和信息显示屏，帮助乘客快速找到所需服务和设施，减少乘客的焦虑以及其他不确定性。

2. 休憩需求

座椅的提供是站点设计中不可或缺的一部分。站点应提供足够数量的座椅，考虑不同乘客的需求，如家庭、老年人和残疾人，确保座椅的舒适性和可使用性。卫生设施的充足和维护也是站点设计的重要考虑因素，因此要确保站点内有足够数量的洗手间，且设施维护良好，用以提供清洁和卫生的环境。

3. 信息可获取性需求

旅客对信息透明度与可获取性的需求是铁路站点提供高质量服务的关键。他们依赖于实时更新的信息服务获取列车的动态，如发车、到达、延误或取消情况，这有助于他们及时调整行程，减少不确定性所引发的焦虑。站点内部应设置清晰的指示标识，指引旅客快速找到候车区、售票处、洗手间和出口等关键地点。信息发布应通过多渠道进行，包括现场指示牌、公告屏、官方网站、移动应用和社交媒体，以适应不同旅客的信息获取习惯。

信息的呈现应简洁明了，避免使用复杂或专业的术语，确保易于理解。同时，考虑到不同旅客的语言和文化背景，站点发布的信息应提供多语言版本，以满足国际旅客的需求。现代辅助技术，如移动应用中的AR导航和语音助手，可以更直观、更便捷地帮助旅客获取信息。

个性化信息服务可以根据旅客的出行习惯和偏好提供可定制的行程提醒和偏好设置，而紧急情况下的快速响应则能确保旅客的安全和安心。信息的可访问性对于所有旅客至关重要，包括有视障、听障等特殊需求的旅客，他们应能通过适当的辅助技术或服务获取所需信息。

二、心理需求

1. 环境需求

随着社会的发展和人们生活水平的提高，旅客对于铁路站点的需求已经不仅仅局限于基本的生理满足，如安全、清洁和舒适。他们同样寻求心理上的满足，包括审美体验、文化沉浸、社交互动和个性化服务，这些需求日益成为铁路站点设计和运营的重要组成部分。环境美化和氛围营造不仅能够提升旅客的视觉享受，还能增强他们对站点乃至整个旅行体验的积极情感。铁路站点的环境美化是提升旅客体验的关键因素。站点的内部设计应具有高度的审美吸引力，通过精心的色彩搭配、艺术作品和现代装饰，营造出视觉上的美感。同时，站点内融入当地文化特色的展示，不仅能够让旅客更深入地了解地方文化，还能增强他们对旅行目的地的期待和兴趣。自然元素的引入，如室内植物和自然光线，能够为旅客提供一个放松和舒适的环境。创意展示和动态艺术装置能够激发旅客的好奇心，增加站点的趣味性。

此外，艺术活动的举办，如展览或现场表演，不仅丰富了旅客的体验，也为站点增添了浓厚的文化氛围。站点应根据旅客的反馈进行持续性的环境改进，展现出对旅客需求的深刻理解和对环境美化的持续追求。通过这些措施，铁路站点能够为旅客提供一个愉悦的旅行环境，使他们的每一次出行都能有一个美好的体验。

2. 认同感与归属感需求

站点应展现并尊重当地文化特色，通过精心设计的环境和文化展示，让旅客感受到地方文化的独特魅力，从而增强文化认同。温馨的环境设计，亲切的氛围营造，以及多语言服务，都是为了确保每位旅客能感受到被尊重和包容。

无障碍的沟通是增强旅客归属感的关键，这就要求站点工作人员具备跨文化交流的能力，以便更好地服务不同文化背景的旅客。个性化的体验，如定制旅行建议和个性化导览，能够让旅客感受到他们的需求被关注和满足。及时有效的旅客反馈机制使旅客能够感受到他们的声音有被倾听，他们的合理意见有被采纳，这种参与感是认同感的重要组成部分。历史与现代的融合在站点设计中也扮演着重要角色，它不仅体现出时代感，也让旅客感受到历史与现代的和谐共存。地方特色商品的提供，让旅客在购物的同时能够体验到地方文化，进一步增强了对地方文化的认同（表2-1）。

用户需求分析　　　　　　　　　　　　　　表2-1

旅客需求	空间/设施
安全与可达性	无障碍通道、紧急疏散出口、监控摄像头
舒适性	宽敞的候车区、舒适的座椅、温控系统
餐饮服务	餐饮区、自动售货机、饮水站
信息需求	信息显示屏、公告板、多语言指示牌
环境美学	绿化区、艺术展示区
社交空间	休息室、咖啡厅、儿童游乐区、家长休息区
特殊需求	无障碍设施、特殊需求服务

第三章

艺术介入铁路站点
空间的案例分析

根据站点的功能定位、环境适应、技术集成、文化表达及可持续发展等关键要素的不同，铁路站点被划分为具有地域特色与环境融合、生态环保与可持续发展、功能布局与空间优化、技术应用与创新设计，以及文化传承与历史保护等类型，以满足不同地区的需求和特色，实现站点与当地自然环境、文化背景、技术发展和社会价值的融合。

第一节　地域特色与环境融合

地域特色与环境融合不仅关乎站点与当地自然环境的和谐共存，也是对地域文化的一种尊重和传承。铁路站点作为城市或地区的门户，其设计应当反映出所在地的独特性，同时与周边环境形成一种协调和对话。

在铁路站点空间设计中，需要考虑站点所在地的地形、地势。首先，对于山区的铁路站点，设计时需特别关注地形的起伏和坡度变化。分层或架空结构的采用，不仅能够有效减少对现有自然地形的破坏，还能创造出与地形相融合的建筑形态，减少视觉上的突兀感。架空结构下方的空间还可以有多种用途，如停车场、公交接驳区或绿地，从而提高空间利用效率。在平原地区，铁路站点的设计则更侧重于开阔的视野和流畅的旅客流线。广阔的视野有助于提升旅客的空间体验，而便捷的流线设计则确保了旅客能够快速、轻松地进出站点。此外，平原地区通常具有较好的日照条件，可以利用这一点，通过合理的窗户布局和天窗设计，引入自然光，创造明亮舒适的候车环境。

其次，气候条件的适应性设计同样至关重要。在寒冷地区，站点设计需重点考虑保温和防风，使用高性能的保温材料、设置防风屏障或采用密闭性更好的建筑设计。室内供暖设施的合理布局也是必不可少的，要确保旅客在冬季也能享受到温暖舒适的候车环境。而在热带地区，站点设计则需着重考虑通风、遮阳和防雨。自然通风的设计可以减少对空调的依赖，降低能耗，同时为旅客提供清新的空气。遮阳设施的设置则可以有效阻挡强烈的阳光，降低室内温度，提高旅客的舒适度。此外，防雨设计也是必不可少的，尤其是多雨的热带地区，合理的排水系统和遮雨设施可以确保旅客在雨天出行时更为便利和安全。

除了地形、地势和气候条件外，铁路站点空间设计还需考虑其他环境因素，如地质条件、生态环境、噪声污染等。地质条件可能影响站点的稳定性和安全性，需要通过地质勘探和相应的结构设计来确保。生态环境的保护则要求设计师在设计过程中充分考虑站点对周边自然环境的影响，采取措施减少对生态系统的干扰。噪声污染的控制则可以通过隔声材料的使用、绿化带的设置等方式来实现。通过艺术的介入，铁路站点可以成为连接人与自然、传统与现代的桥梁，站点空间不再是孤立的构筑物，而是成为地域文化的一部分，与周边环境相得益彰。

一、典型案例

地域特色与环境融合类典型案例，如表3-1所示。

地域特色与环境融合类典型案例 表3-1

序号	案例名称	地点	艺术介入空间特点	典型图片
1	Hungerbu-rgbahn缆车站	奥地利蒂罗尔州	设计灵感来自阿尔卑斯山的冰层，采用流线型造型，室内外空间流畅动感，自然光射入，材料与冰层质感呼应，创造了一个现代和谐的交通枢纽	 （来源：胡扬 拍摄）
2	乌鲁木齐站	中国新疆维吾尔自治区	建筑造型体现"天山雪海、丝路明珠"的设计意象，以流线型的造型从大地升起，圆润光洁，宛如一颗西域明珠；建筑水平舒展，融入城市天际线，体现出了天山雪峰的壮丽秀美	 （来源：曲健 拍摄）
3	屏南站	中国福建省	站前广场的建设通过对自然地形的巧妙利用和对空间的创新设计，充分考虑了地形地貌，利用高架桥支撑整个广场，如同悬浮在空中，与周围的山脉、水体和植被相得益彰	 （来源：李力霖 拍摄）

序号	案例名称	地点	艺术介入空间特点	典型图片
4	桐庐站	中国杭州市	富春山水融入地景设计，运用拓扑等技法序列化研究地貌，站房立面至室内展现山水特征，穹顶流线与铝扣板融合自然与现代风格，实现地域文化与环境美学的和谐统一	 （来源：曲健 拍摄）
5	兴文站	中国四川省	设计灵感来自石海地貌，抽象的几何形态与层次立面展现了奇石与波浪动态，中间高、两侧低的造型呈现波涛的气势，细节凸显奇石的刚劲，建筑如大地艺术，与自然和谐	 （来源：谭慧林 拍摄）
6	毕节站	中国贵州省	设计灵感源于自然景观，立面轮廓层次分明，光影材质增强雕塑感。"四大支柱，层叠日升"理念融合经济特色，形态如梯田的民族建筑，展现了劳动智慧与地区活力	 （来源：曲健 拍摄）
7	贵阳北站	中国贵州省	融合贵州喀斯特地貌与现代设计，提炼鼓楼、花桥的"重檐"元素，结合梯田、瀑布的"层叠"线条，屋顶设计模仿山峦，以流畅的线条展现出自然景观的韵律	 （来源：曲健 拍摄）

二、典型案例设计构思分析

扎哈·哈迪德设计的Hungerburgbahn缆车站，又被称为"壳与影子"（Shell & Shadow），其设计灵感来自因斯布鲁克北部绵延的山脉和迁流的天然冰（图3-1）。漂浮在混凝土基座上的有机屋顶是这座缆车站的突出特点，这些屋顶非常轻巧，形成了一种十分柔和的轮廓，展现出一种循环运动的形态，营造了独特的景观。扎哈·哈迪德喜用曲线、有机形态等元素，对空间流动性以及流线型造型的独特理解体现在建筑设计中。扎哈利用自然冰川的形态抽象转换和演变，将连续的、不中断的直线或曲线作为装饰，这种独特的设计语言在车站轻巧的有机屋顶结构上呈现融化的冰川形态。屋顶的有机形态仿佛周围山脉的延续，而其轻巧的轮廓和流畅的线条则模仿了冰川的自然流动，这种设计与地域自然景观的和谐统一，体现了对自然环境的尊重和融入。

缆车站的设计不仅在形态上与自然景观相融合，更在精神层面上与因斯布鲁克的文化传统相呼应。扎哈巧妙地将当地的历史元素和文化符号融入设计，使得这座现代建筑成为连接过去与现在的桥梁。例如，屋顶结构的抽象形态，可以看作对当地传统建筑形式的现代诠释，而材料和色彩的选择则反映了该地区的色彩美学。

此外，Hungerburgbahn 缆车站的设计还考虑了与当地气候和环境的适应性。高性能的建筑材料和节能技术的应用，展示了对环境可持续性的深刻理解。内部空间的光线设计，通过天窗和透明结构引入自然光，屋顶的设计考虑了当地的日照角度和雪载，既保证了缆车站的采光需求，又确保了结构的稳定性和安全性。不仅减少了对人工照明的依赖，也增强了空间的开阔感和方向感，同时为旅客提供了与自然光互动的机会。缆车站的室内设计同样注重与地域文化的融合。候车区和商业空间的设计采用了反映当地手工艺和艺术特色的装饰元素，这些细节的设计不仅增强了站点的识别性，也使每个到访的旅客都能感受到因斯布鲁克独特的地域魅力。Hungerburgbahn 缆车站设计通过艺术介入的方式，将地域文化、历史元素与现代设计理念相结合，创造出一个既具有地域特色又与环境和谐共生的缆车站。

图 3-1　Hungerburgbahn 缆车站

（来源：胡扬 拍摄）

第二节　生态环保与可持续发展

随着全球气候变化、资源紧张、环境污染等问题的日益严峻，铁路站点作为公共交通的重要组成部分，更应积极响应节能减排、绿色出行等环保政策，通过其设计和运营，为实现绿色出行、低碳生活作出贡献。同时，这也符合国家和地区在生态环保和可持续发展方面的政策导向，有助于推动社会经济的可持续发展。

首先，站点的规划和设计应遵循节能减排的原则，通过优化建筑形态、材料选择、能源系统等，降低站点的能源消耗和碳排放。例如，采用自然通风和采光设计，减少对人工照明和空调的依赖；使用节能型建筑材料和设备，提高站点的能源利用效率。其次，还应关注站点与周边自然环境的和谐共生。这包括保护站点周边的生态系统，减少建设过程中对自然环境的破坏；利用绿色植被和生态景观设计，提升站点的生态环境质量；通过雨水收集和循环利用系统，实现水资源的可持续管理。

在可持续发展方面，铁路站点的设计应考虑长期的运营和维护需求，确保站点的长期可持续运营。可以采用耐久性和可维护性强的材料，降低站点的长期维护成本；通过智能化和信息化技术，提高站点的运营管理效率。此外，铁路站点作为城市公共空间的一部分，其生态环保和可持续发展设计还应与城市的整体发展规划相协调。要与城市规划和交通政策相衔接，促进城市公共交通系统的一体化发展。通过站点周边的土地利用和交通组织，推动城市空间的合理布局和交通模式的绿色转型。

一、典型案例

生态环保与可持续发展类案例，如表3-2所示。

生态环保与可持续发展类案例 表3-2

序号	案例名称	地点	艺术介入空间特点	典型图片
1	武汉长江新区站	中国湖北省	提取江豚跃出水面的场景作为车站建筑的外观造型，江豚作为长江地区生态环境的标志，对应生态可持续发展理念	 （来源：金山办公）
2	阿森火车站	荷兰德伦特省	车站使用天然的材料与周边的绿色环境相融合，屋顶的建造采用独立的柱子，使下方空间可以根据使用情况进行调整	 （来源：金山办公）
3	哈拉曼高铁站	沙特阿拉伯吉达市	采用模块化建造，站房受该地区传统建筑柱廊的启发，钢柱和拱门形成独立的树状结构，相互连接形成一个灵活的拱形屋顶	 （来源：金山办公）
4	迪南火车站公共空间	法国布列塔尼大区	该建筑设置在陶土体块上，整体是木梁形态，建筑内的植物品种为本土植物，便于后期维护，降低经济成本。顶部瓦片将雨水引入植物的空间，实现雨水再利用	 （来源：金山办公）
5	马赛火车站	法国马赛	车站功能亭为乘客提供等候设施、便利设施和问询服务，自然材料的使用和几何形态的造型为公共空间增添些许温暖，既生态又环保	 （来源：金山办公）

序号	案例名称	地点	艺术介入空间特点	典型图片
6	雄安高铁站	中国河北省	雄安站的水滴状椭圆造型，融合了中华传统文化和白洋淀的地域特色，屋顶光伏与建筑形态的有机结合，既体现了现代建筑美学，也展现了生态技术的融入	 （来源：曲健 拍摄）
7	马尔默中心站	瑞典马尔默	该建筑融合了艺术与生态设计，通过对历史建筑的修复与现代玻璃钢结构的创新融合，展现了跨时代的美学对话。自然光的充分利用与工业美学的材料应用，创造了一个既现代又温馨的旅客体验空间	 （来源：金山办公）
8	布尔诺车站	捷克摩拉维亚洲布尔诺	车站的生态屋顶采用起伏的凸面玻璃天篷，不仅优化了自然光的引入，也赋予了建筑动态而优雅的外观。太阳能的收集与利用，以及生物基材料的选用，不仅体现了对环境的尊重，也展现了现代建筑艺术与自然和谐共存的理念	 （来源：周咏 拍摄）

二、典型案例设计构思分析

雄安高铁站的设计融合并体现了技术与现代美学的生态理念（图3-2、图3-3）。站房建筑以雄安的水文化为灵感，采用"青莲滴露"的主题，外观呈水滴状椭圆造型，展现出自然流畅的曲线美。站内空间宽敞通透，利用清水混凝土技术，体现出建构一体的理念，同时，192根混凝土开花柱增加了空间的韵律感。

雄安站的"光谷"设计是其一大亮点，屋顶的缝隙不仅解决了采光、通风问题，还形成了具有特色的景观，将自然光线和景观引入室内。此外，站内还融入了多种艺术元素，例如候车大厅的幕墙上融入了二十四节气的元素，以及主进站厅的巨幅网屏，将信息展示、文化传播、室内装饰和艺术装置有机结合，成为面向城市的独特风景。

站内的一些细节设计同样体现了艺术的介入，如集成风柱单元体不仅集成了多种智能装置，还通过陶瓷锦砖艺术装饰"十二月雅称"，将诗句和花型装点在风柱上。而"千年轮"数字艺术装置则通过数字轮盘和实体轮盘的结合，寓意时间的流转和雄安新区的长远规划。

雄安站的建设采用了大量创新技术和智能化系统，如智能牵引供电系统和智能运维系统的建立，通过智能的布点与物联网、大数据、云计算相结合，打造智能监测平台，确保了铁路的安全可靠和高效优质。

雄安高铁站是一个集生态、艺术、智能于一体的现代化交通枢纽，其设计不仅展现了中国工匠精神以及对技术创新的追求，更为旅客提供了便捷、舒适的出行体验。

图 3-2 雄安高铁站站内大厅实景

（来源：曲健 拍摄）

图 3-3 雄安高铁站站内实景

（来源：曲健 拍摄）

第三节　功能布局与空间优化

铁路站点作为城市交通的重要组成部分，其功能布局需综合考量旅客的流动性、服务的可达性，以及环境的舒适性。一个良好的功能布局能够确保旅客在站点内的高效流动，减少拥堵，提升安全性，并提供清晰、直观的导向系统。同时，空间优化则关注如何合理利用空间，创造出既满足功能需求又具有美学价值的车站环境。而艺术介入铁路站点空间设计，其功能布局与空间优化不仅关系着站点的运营效率和旅客的体验质量，也是铁路站点空间设计中实现艺术性与实用性相结合的关键领域。

在功能布局方面，铁路站点的设计需重点关注以下几个要素：首先是旅客流线的设计，需要考虑旅客从进站、购票、安检、候车到登车的整个过程，确保流线清晰、顺畅，避免交叉和混乱；其次是服务设施的布局，包括售票窗口、自助服务设备、休息区、商业区等，应根据旅客的需求和行为模式进行合理规划；最后是信息标识系统的设置，明确、易懂的标识能够帮助旅客快速获取所需信息，提高站点的导向性。空间优化则涉及对站点内部空间的创新设计，包括空间形态的设计、色彩和照明的运用、材料和装饰的选择等。

不同类型的铁路站点，如城市中心站、郊区站、换乘站等，其功能需求和旅客构成各有不同，因此其功能布局和空间优化的策略也会有所区别。例如，城市中心站可能更注重商业服务和城市形象展示，而郊区站则可能更强调与自然环境的融合和交通接驳的便利性。因此，在进行功能布局与空间优化时，需要考虑站点的可持续发展和未来扩展的可能性。

一、典型案例

功能布局与空间优化类案例，如表3-3所示。

序号	案例名称	地点	艺术介入空间特点	典型图片
1	墨尔本空中（sky-rail）铁路线下社区活动公园	澳大利亚维多利亚州	设计通过鲜艳明亮的色彩对比和平面构成将铁轨沿线的平交道口开辟为新空间以供社区使用，打造为具有高度可识别性的公共空间	 （来源：金山办公）
2	哈尔滨站	中国黑龙江省	哈尔滨站采用上进下出的旅客进出站流线，站房采用欧洲"新艺术运动"风格设计理念，是纯欧式建筑风格的站房，并还原了百年哈尔滨站的历史风貌	 （来源：金山办公）
3	法兰西火车站	法国巴黎	建筑采用连绵不断的顶棚造型，将多种交通运输方式整合于同一栋建筑内，不仅是交通流线和通勤者轨迹，更是当地市民穿梭城市间的一条快速通道	 （来源：金山办公）
4	新宿站	日本东京	该站将交通枢纽与周边商业高效联通，提高了周边土地的利用效益，促进地上和地下空间的充分利用，打造出家和办公室之外的"滞留空间"	 （来源：陈子汁 拍摄）
5	库埃纳瓦卡铁路线性公园	墨西哥莫雷洛斯州	该项目将一般区域照明、特定景观主题、涂鸦、社会和公共艺术表现形式均融入夜间城市景观，提高了居民的安全感和社区自豪感	 （来源：金山办公）
6	广州红砖厂铁路创意园	中国广东省	该项目是以铁路设施为基础的线性公园，设立了众多高效、实用的功能分区，促进了城市基础设施的连贯性，从而使城市更富有活力	 （来源：作者自摄）

序号	案例名称	地点	艺术介入空间特点	典型图片
7	嘉义火车站前广场改造	中国台湾地区	广场占据最小空间，且为流动顺畅的道路系统，曲线的候车棚在满足基本的遮阳与遮雨功能之外，创造了新的停留、等待与行走空间	（来源：作者自摄）
8	苏州火车站	中国江苏省	采用钢筋混凝土和玻璃等现代材料，突出功能主义的设计理念，同时古今交融的设计与高效服务，体现了设计的伦理价值	（来源：金山办公）

二、典型案例设计构思分析

西班牙马德里阿托查火车站（Madrid Atocha Railway Station）是马德里最大的火车站（图3-4）。这里是由南方驶来的通勤、城际、区间列车以及AVE高速列车的枢纽站。1992年，车站由原来的航站楼改建成了广场，广场包括商铺和一个4000平方米的热带植物园。车站的大厅由知名建筑师拉菲尔·莫尼奥设计，运用了大量玻璃、金属和光亮的石块，建构出一个温室，日夜运作的浇灌系统滋润着热带植物。除了车站内充满热带风情的特色景观，其内部设施也十分齐全，餐厅和小吃店一应俱全，还有许多餐馆、酒吧、超市及各种类型的商店。该火车站的改造工程中，艺术介入体现在多个层面。

首先，车站内部的热带植物园（图3-5）是其空间布局中的一个亮点，这个花园不仅为旅客提供了一个放松和休息的场所，还通过引入自然元素，优化了车站的微气候和空气质量，增加了空气湿度，提升了乘客的舒适度。在功能布局上，阿托查火车站的设计巧妙地将商业空间、候车区、换乘通道和信息服务等功能区域与艺术元素相结合。商业区域的设计不仅提供了必要的服务设施，如咖啡馆、商店和休息区，还通过艺术化的店铺设计和展示，增强了购物和用餐体验。这些商业空间采用了开放式布局，使旅客在享受服务的同时，可以欣赏车站内部的其他艺术作品。

艺术作品的布置也是空间优化的一部分。壁画、雕塑和其他形式的艺术作品被精心地安排在车站的关键位置。这些艺术作品不但作为视觉焦点，吸引旅客的注意；而且作为导航工具，帮助旅客识别方向并找到特定的服务点。这些艺术作品的主题和风格与西班牙的文化和历史相呼应，为旅客提供了一种文化上的沉浸体验。艺术介入还体现在了车站的换乘通道和候车区，通过使用引导性的照明和色彩设计，这些区域被优化以提高导向性和减少拥堵。例如，不同的色彩可能用于区分不同的站台或路线，而照明的设计则确保了在任何时候车站都能提供足够的可见度和安全感。

图 3-4　西班牙的阿托查火车站

（来源：金山办公）

图 3-5　车站内部的热带植物园

（来源：金山办公）

第四节 技术应用与创新设计

随着社会的发展和技术的进步，铁路站点不再是交通设施，而是城市文化展示的窗口和公共艺术的空间。技术应用和创新设计是推动铁路站点现代化、提升旅客体验、增强运营效率的关键因素。在铁路站点空间设计中，技术应用与创新设计之间的关系密不可分。技术的应用为创新设计提供了可能性，而创新设计又将技术以更人性化、更具艺术性的方式融入站点空间。随着科技的快速发展，新技术如大数据、人工智能、物联网、虚拟现实等，为铁路站点的设计和运营带来了革命性的变化。

在铁路站点空间设计中，技术的应用是实现现代化、提升功能性和增强旅客体验的关键。智能监控系统作为提升安全性的基石，不仅能够实时监控站点内外的情况，还能够通过智能分析预测和识别潜在的安全威胁，从而及时进行响应，以确保旅客和站点的安全。自动化客服和信息查询系统的引入，极大地提升了服务效率和质量。这些系统能够提供24小时不间断服务，通过语音识别、自然语言处理等技术，理解和回应旅客的询问，提供列车时刻、换乘信息、站点导航等服务，减少旅客等待时间，提升旅客满意度。智能照明和温控系统的运用，不仅优化了能源使用，还实现了节能环保，根据站点内的自然光线变化和人流量自动调节亮度和温度，创造出舒适的候车环境，同时降低了能源消耗，实现绿色运营。先进的建筑材料和构造技术的应用，使得铁路站点的结构更加稳固和耐久。例如，使用高性能的混凝土、钢材和玻璃，不仅提升了站点的承载能力和耐久性，还创造出独特的建筑形态和空间体验。这些材料的使用，结合创新的构造技术，如三维打印、预制构件等，不仅加快了建设速度，还提高了建筑质量。

此外，技术的应用还包括了无线通信技术、智能导航系统、自动售票和检票系统等。无线通信技术保证了站点内的网络覆盖，方便旅客随时连接互联网，获取信息和娱乐。智能导航系统通过移动应用或增强现实技术，为旅客提供实时的导航服务，帮助他们快速找到目的地。自动售票和验票系统则简化了乘车流程，减少了排队等候时间。

创新设计则将技术的应用进一步拓展，通过创造性思维和设计手法，打造出既实用又具有艺术美感的铁路站点空间。利用数字媒体艺术，在铁路站点内创造出动态的视觉展示，这些展示可以是反映当地历史、文化、自然景观的影片，也可以是实时更新的旅客信息和列车时刻表。引入互动装置，通过触摸屏和传感器技术，旅客可以与艺术作品进行互动，探索站点周边的旅游资源、了解当地艺术和手工艺，甚至参与站点的艺术创作。这种互动体验不仅提升了旅客的满意度，也加深了他们对地方文化的认识和理解。技术应用与创新设计在铁路站点空间设计中的结合，为旅客带来了更加丰富和便捷的出行体验，也为铁路站点的艺术性和文化表达提供了新的可能性。

一、典型案例

技术应用与创新设计类案例，如表3-4所示。

技术应用与创新设计类案例　　　　　　　　　表3-4

序号	案例名称	地点	艺术介入空间特点	典型图片
1	重庆西站	中国重庆市	"重庆之眼"，以其创新的钢结构组合拱体系和国内首次采用的清水混凝土雨篷，展现了技术与艺术的完美结合。站房的造型美学，流畅的线条和独特形态，本身就是一种视觉艺术的展现。光影随着日照变化在钢结构和玻璃幕墙间舞动，创造出独特的光影效果，增加了空间的动态之美	（来源：曲健 拍摄）
2	布鲁塞尔货运枢纽站更新：室内厅楼	比利时布鲁塞尔市	建造时使用交叉层压木材（CLT），既减少了环境影响，又呈现了自然材料的美感。玻璃立面不仅引入了充足的自然光，还整合了太阳能电池，将科技美学融入建筑外观设计。这些技术的整合，不仅提升了能效，也赋予了枢纽站现代且艺术化的面貌	（来源：金山办公）
3	随州南站	中国湖北省	利用BIM和3D现场扫描技术，对建筑节点及构造进行优化创新，弥补ETFE膜[①]对拉力和温度变化较为敏感的弊端，确保元素单体造型更加完美地呈现。ETFE膜的独特质感和透光性赋予了建筑现代感和艺术气息	（来源：曲健 拍摄）

① ETFE膜，为氟塑膜，一种新兴材料，由乙烯和四氟乙烯共聚而成。

序号	案例名称	地点	艺术介入空间特点	典型图片
4	南宁地铁广西大学站	中国广西壮族自治区	通过利用物联网技术，例如智慧车站系统、三维可视化、智能设备、智能自动开关站功能、综合监控技术、换乘需求量高的应对措施。在光影设计上，智能照明系统根据自然光线自动调节，营造出层次丰富的光影效果，增强了车站的美感	 （来源：葛广昊 拍摄）
5	嘉兴火车站	中国浙江省	光伏建筑一体化（BIPV），巧用自然能源，利用光伏发电实现减排增效，不仅是利用先进技术的典型案例，也是一座会发电的"绿色"火车站。技术的融入赋予了车站强烈的科技感和艺术感。光伏板与建筑设计的巧妙融合，不仅提升了能源收集效率，也带来了独特的视觉美感	 （来源：曲健 拍摄）
6	中国杭州西站枢纽综合体	中国浙江省	通过云谷——高效的中央换乘系统、云厅——候车体验的迭代升级、云门——全新的城市精神场所，集三位一体的开发模式，使得该站成为跨界整合、数字化的综合体。云谷的中央换乘系统通过艺术化的空间布局提供了直观、便捷的导向，而云厅的候车区则通过雅致的装饰和照明设计，营造出温馨、舒适的氛围	 （来源：曲健 拍摄）
7	广州现代有轨电车	中国广东省	融合智能化与艺术设计，通过智能照明、数字艺术和文化元素的巧妙结合，打造了一个既现代又富有美感的交通空间，成为广州城市文化与科技融合的新地标	 （来源：作者自摄）
8	帕尔马联运车站	西班牙马略卡岛	整个建筑采用新陶瓷材料，使得新陶瓷与旧建筑形成对比，每个元件均为一个带有对角线的镂空立方体，可以通过改变摆放方向来创造独特的图案	 （来源：金山办公）
9	九龙站	中国香港特别行政区	建筑主要结构由9组巨型"V"形架构设计支柱支撑，屋顶分割缝隙让自然光漫射入空间，注重人性化的尺度和生态深层的考量	 （来源：曲健 拍摄）

二、典型案例设计构思分析

随州南站的设计充分融入了技术与地方特色，通过地域文化的提取，在设计中加入了独有的艺术元素（图3-6）。其设计灵感来源于随州洛阳镇的千年银杏谷，被誉为世界上最大的"银杏叶"。站房的设计采用了银杏叶片形态的抽象表达，将"银杏树下"的自然意境融入建筑，体现了对随州地域环境的尊重和展示。站房的主体结构由24个"伞状单元体"构成，这些单元体不仅作为建筑的形态构成，还集建筑、结构、采光于一体。在视觉上营造出森林般的空间，阳光透过顶部天窗洒落在单元体腔内，漫射形成金色发光体，无论是在白天还是夜晚，都能营造出"银杏树下，金叶纷飞"的空间意象，完美展现了叶片温润、通透的质感。

这些"叶片单元体"的外观设计富有韵律，结构单元的光线、温润的质感模糊了人工与自然的边界，诠释了"天人合一"的东方传统哲学思想。在材料的选择上，使用了ETFE膜结构，这种材料具有良好的耐久性、阻燃性及透光性，通过精确地控制索网系统和膜材的张拉，形成了饱满、光滑的曲

图3-6　随州南站

（来源：曲健 拍摄）

面形态。依托BIM和3D现场扫描技术，对相关节点及构造进行了多处优化创新。

随州南站的设计不仅展示了数字化建构的深度应用，也体现了技术创新在现代铁路站点设计中的重要性。随着人工智能算法、建筑机器人等数字技术的进一步发展，数字建构为建筑设计提供了新路径，也为建造、运营与维护提供了技术保障。随州南站项目的成功实施，为未来建筑设计和施工领域提供了宝贵的经验和启示。

第五节　文化传承与历史保护

每个铁路站点都承载着其独特的文化属性，正是这些文化属性为艺术介入提供了丰富的素材和灵感。以下案例从地域文化入手，旨在说明文化的艺术介入不仅能够增强站点的地域识别度，还能够为旅客提供一种与众不同的旅行体验，让他们穿梭于城市之间时，能够感受到每个站点独有的文化气息。通过艺术和文化的结合，铁路站点能够成为展示城市魅力、传承文化精神的重要场所。

一、典型案例

文化传承与历史保护类案例，如表3-5所示。

文化传承与历史保护类案例　　　　　　　　　　　　　　　　　表3-5

序号	案例名称	地点	艺术介入空间特点	典型图片
1	碧色寨车站	中国云南省	车站将当地历史建筑和独特的风土人情转变为铁路文化旅游打卡地，形成了滇越文化线路，带动了旅游业的发展，打造出综合性旅游风景区	（来源：曲健 拍摄）

序号	案例名称	地点	艺术介入空间特点	典型图片
2	法兰克福火车总站	德国黑森州	车站通过保留原有站房和钟楼，与周边传统建筑风格相协调，顺应现代交通的发展，满足多元需求，实现了车站和城市空间环境的融合	 （来源：金山办公）
3	安特卫普中央火车站	比利时弗拉芒大区	车站建筑外立面的雕刻装饰，极具浓厚的宗教文化和细节性，展现出古典文化与现代元素的巧妙结合，营造出一种独特的混搭风格	 （来源：金山办公）
4	北京西站	中国北京市	设计上融入中国传统建筑元素，屋顶的外形汲取了中国古代宫殿飞檐的特点。候车大厅则采用温暖的色调和精致的装饰，反映出中国古典美学的精髓	 （来源：曲健 拍摄）
5	圣本托火车站	葡萄牙波尔图市	该火车站采用自然材料搭建而成，具有浓厚的葡萄牙特色，室内空间的装饰瓷砖描述了葡萄牙的发展进程，成为彰显民族魅力的典范	 （来源：金山办公）
6	拉萨火车站候车大厅	中国西藏自治区	将拉萨的地方色彩棕红色、白色、黄色等融入建筑，各种颜色蕴含了藏族人民对美好生活的向往和积极乐观的心态	 （来源：曲健 拍摄）
7	固安东站	中国河北省	将"温泉之乡"的泉水元素和柳编工艺相结合，形成波浪起伏的双曲面顶部造型，营造富有动感的室内空间氛围	 （来源：柳嘉祥 拍摄）

序号	案例名称	地点	艺术介入空间特点	典型图片
8	盖尼特拉市高铁站	摩洛哥盖尼特拉市	设计灵感来自当地人们极力推崇的伊斯兰建筑的几何形式，自然光线通过建筑透入室内，在视觉层面上表现出不同的光影变化	 （来源：孙文沛 拍摄）
9	南阳东站	中国河南省	南阳东站的设计融合了地域文化特色，以"云中卧龙，腾飞奋进"为主题，通过建筑形态和内部装饰展现了南阳深厚的历史与现代城市精神	 （来源：曲健 拍摄）

二、典型案例设计构思分析

南阳东站的设计充分展现了地域性文化特色在现代高铁站空间环境中的应用与表达（图3-7、图3-8）。作为南阳市的重要门户，南阳东站不仅承载着城市交通的重任，更是城市文化与精神的传播者。设计深入挖掘南阳的历史文化，提炼出"云中卧龙，腾飞奋进"的设计理念，将这一理念贯穿于站房的外部空间形态和内部空间细部设计。

站房的设计灵感源自南阳深厚的文化底蕴，尤其是与诸葛亮"卧龙"相关的文化象征。设计巧妙地将这一文化元素融入站房的空间布局和形态设计，通过建筑语言表达了南阳的城市精神和对未来腾飞的期望。站房的外部形态设计借鉴了"腾龙"和"祥云"的意象，通过拱形结构和水平线条勾勒出独特的天际线，营造出"卧龙腾飞"的视觉效果。

站前广场的布局采用中轴对称，延续了城市规划的轴线，同时与城市景观绿地相结合，形成了完善的站区景观体系。广场的铺装、构图设计或折线型，不仅增强了旅客的导向性，更暗喻了"龙行天下"的气势。广场两侧的公共交通枢纽设施设计与站房主体相得益彰，共同营造出祥瑞南阳的整体画面。

在内部空间设计上，候车大厅的顶棚采用"云形"曲线元素（图3-8），与屋顶的梭形天窗相结合，形成了流动的云形光影效果，体现了"孔明灯"的文化意象。站房内部的立柱和地面铺装也融入了地域文化，如"甘雨随车"和"车马人行图"的汉画砖，以及"南水北调""伏牛云海"的白描画作，这些细节设计不仅增强了空间的导向性，更展示出南阳当地的秀美山川和文化特色。

此外，站房内部空间的两侧设计了露天庭院，通过玻璃幕墙和高反射镀膜玻璃增强了空间的通透性和相互渗透性。庭院中的景观设计和石材幕墙上的诗词歌赋，进一步强化了站房作为文化展示窗口的功能。

图 3-7　南阳东站

（来源：曲健　拍摄）

图 3-8　南阳东站站台

（来源：网络）

南阳东站的设计案例为铁路站房空间环境设计提供了宝贵的借鉴与参考。它展示了如何将地域文化特色与现代铁路站点空间功能需求相结合，创造出既具有时代感，又富有地域文化特色的交通枢纽空间。通过这样的设计，南阳东站不仅成为城市的地标性建筑，更成为传播南阳文化、展示城市精神的重要平台。

IV

艺术介入铁路站点的
方法探索

第一节 艺术介入铁路站点的设计原则

一、以人为本

以人为本是铁路站点设计中的核心原则，要求设计者在规划和实施过程中始终将旅客的需求、舒适度和体验放在首位。空间布局以旅客的便捷和舒适为出发点，包括提供宽敞的候车区、清晰的指示标识、多功能的服务设施，以及考虑特殊需求群体的无障碍设计。设计时还需考虑旅客在站点中的行为模式和心理感受，尽量确保每一位旅客都能享受到舒适、便捷的旅行体验。

艺术介入作为设计的一部分，其目标是通过美学和文化元素的融合，提升旅客的出行体验。首先，艺术介入应以旅客的便捷和舒适为出发点，艺术作品的设置不仅要美化空间，还应作为导向标识，帮助旅客快速识别方向并找到所需服务。通过精心设计的空间布局，提供直观的指示系统和易于导航的环境标识。其次，艺术介入需考虑旅客的多样化需求。在设计中融入多功能服务设施，如餐饮区、购物区和休闲区，同时通过艺术化的处理，使这些区域不仅满足基本功能，还提供愉悦的感官体验。例如，餐饮区的壁画展示了当地的美食文化，而休闲区的装置艺术则营造出了放松的氛围。

对特殊需求群体的考虑是艺术介入的重要方面。无障碍设计不仅要满足功能需求，还可以通过艺术化的方式，如使用色彩和纹理，提高无障碍设施的可识别性。此外，艺术作品的选择和布局应考虑老年人和儿童的需求，确保它们安全且易于接触。此外，环境舒适度的提升也是艺术介入的关键。通过自然光的引入、绿化植物的配置和舒适的座椅布局，艺术介入能够创造出既美观又舒适的候车环境。

艺术介入还应体现人文关怀，将铁路站点打造成文化交流的平台。艺术元素如壁画、雕塑等，可以通过地方艺术、历史元素和各种文化展示，使旅客在匆忙的旅途中感受到地方文化的魅力和温馨。

以人为本的艺术介入铁路站点设计，细致入微地考虑旅客的需求和体验，将艺术与功能完美结合，创造出既便捷又舒适的旅行环境，让每一位旅客的旅途都成为愉悦的体验。

二、根植于地

根植于地原则在铁路站点设计中强调了地域文化在空间设计中的重要性和独特性。它要求设计师深入研究并尊重站点所在地的历史文化、自然环境、社会习俗和地方特色，将这些元素融入站点设计，从而创造出具有地域标识性和文化归属感的空间。

设计师需要通过调研和分析，了解站点所在地的历史背景、文化传统和艺术风格，包括地方的建筑特色、色彩运用、图案设计、材料选择等，将这些元素巧妙地融入站点的建筑设计和装饰，使站点成为一个展示地域文化的窗口。自然环境的融合也是根植于此的重要方面。铁路站点的设计应考虑与周边自然环境的和谐共生。如利用当地的自然光照、通风条件，或在站点周边进行绿化设计，引入地方特有的植物种类，创造出自然舒适的乘车环境。

对当地居民生活习惯的理解和适应，是站点设计对当地社会习俗的尊重和体现。例如，站点的商业区域可以提供当地特色的食物和商品，候车区域可以设置反映当地社交习惯的休息和交流空间，使旅客在站点内能够体验到地方的生活方式。此外，持续性的文化展示是根植于地原则的延伸，铁路站点不仅是旅客的临时停留地，也可以成为地方文化教育的场所。通过定期举办文化展览、艺术表演等活动，能够持续地向旅客传递地方文化的魅力。

根植于地原则要求铁路站点设计不仅要满足功能性的需求，还要深入挖掘和表达站点所在地的文化特色，通过设计创造出具有地域精神和文化深度的旅行空间，让旅客在旅途中能够感受到地方文化的独特魅力和深远影响。

三、可持续发展

可持续发展原则要求铁路站点在设计和运营过程中，必须考虑环境保护、资源节约和长远的社会效益、经济效益。这一原则的实施有助于创建一个既满足当前需求又不损害未来世代利益的环境友好型站点。

艺术介入可以通过采用绿色建筑和生态设计原则，减少站点对自然环境的破坏。例如，利用屋顶绿化和垂直花园等手法，不仅提升了站点的美观度，也增加了绿化面积，有助于改善城市微气候。艺术作品本身也可以采用环保材料，如回收金属或可持续木材，展现对环境的关怀。此外，资源节约在艺术介入中体现为对材料的精心选择和使用。设计中应优先考虑可再生或可回收材料，减少能源和水资源的消耗。艺术装置和装饰可以结合利用集成太阳能板或雨水收集系统，将自然能源利用和水资源管理纳入站点的运营之中。

艺术介入在节能减排方面也有所贡献，通过使用LED照明和智能控制系统，艺术作品可以在提供视觉美感的同时，降低能源消耗。此外，艺术设计可以促进站点内部的自然采光和通风，减少对人工照明和空调的依赖。

长远规划是确保站点可持续发展的关键。艺术介入在设计时需考虑站点未来的发展需求，预留足够的空间和接口，以适应未来交通模式的变化和技术的更新。这种前瞻性设计有助于减少未来可能的重复建设和改造，降低长期的经济成本。社会效益和经济效益的考虑也是可持续发展的一部分。艺术介入可以通过提升站点的文化价值和美学吸引力，促进当地经济发展和社会进步。艺术作品同时可以成为吸引游客和商业活动的重要元素，提高居民对站点及其周边地区的使用和享受。

可持续发展原则与艺术介入铁路站点设计的结合，不仅能够创造出既美观又实用的空间，还能够推动环境保护、资源节约和经济社会的长期发展，为建设环境友好型站点提供创新思路。

四、安全性优先

所有设计和艺术介入都必须服从安全性的考虑，意味着在创造美观和文化氛围的同时，确保站点的安全性不受影响。设计应包括明显的安全标识、足够的安全出口，以及与安全相关的艺术元素，如使用防火材料和确保监控设备的有效布局。

艺术介入在铁路站点设计中应强调结构安全。首先，站点必须采用能够抵御自然灾害的稳固材料，并符合国家和国际安全标准。艺术作品的安装和设计应考虑结构的稳定性，避免在紧急情况下成为安全隐患。其次，消防安全是艺术介入中不可忽视的方面。站点内的艺术品和装饰应使用阻燃材料，同时不妨碍消防设施的正常使用，如灭火器、烟雾探测器和喷淋系统。艺术介入可以通过创造性地整合应急照明和指示标识，提高站点在紧急情况下的可见性和导向性。

此外，紧急疏散的有效性是衡量站点安全性的关键。艺术介入可以通过设计清晰、易于识别的安全出口标识和疏散路径，帮助旅客在紧急情况下迅速、有序地撤离。艺术作品的位置和布局应避免在紧急疏散时造成障碍。环境安全也是艺术介入需要考虑的。站点设计应减少潜在的危险因素，如滑倒和绊倒的风险。艺术作品的材质和安装方式应考虑防滑和防撞，同时适当的照明和明确的警示标识可以降低这些风险。

艺术介入可以进一步强化安全文化的培养，使之成为站点设计不可或缺的部分。利用多样的艺术形式，站点管理者能够以直观而富有教育意义的方式，向工作人员和旅客传达安全意识。这些艺术作品不仅美化了站点环境，更通过展示安全行为并讲解疏散演练的重要性，有效提升了公众的安全意识。通过这种艺术与技术的结合，铁路站点的设计不仅在视觉上给人以美的享受，更在安全层面上提供了坚实的保障，实现了艺术性与实用性的和谐统一。

安全性优先原则与艺术介入铁路站点设计的结合，要求在不牺牲安全的前提下，艺术介入空间可以通过艺术手段提升站点的美学价值和文化氛围，同时确保旅客和站点的安全。通过对结构安全、消防安全、紧急疏散、环境安全、技术安全和安全文化的综合培养，铁路站点能够为用户提供既美观又安全、可靠的出行环境。

第二节　艺术介入铁路站点设计方法

一、地域文化提取

提取地域文化元素是一个复杂过程，它要求我们从多个维度深入挖掘和理解一个地区的文化特征。我们可以从自然元素与人文元素两个方面作为提取的切入点。

（一）自然元素提取

提取自然元素的过程，要求我们细致地观察和理解一个地区独特的自然环境特征，包括山脉的起伏、河流的蜿蜒、湖泊的静谧以及平原的辽阔，这些不仅塑造了地区的自然景观，也深刻影响着当地居民的生活方式和文化发展。

通过细致观察自然界的色彩、肌理、图案和形态，从中汲取灵感，并将这些元素转化为设计语言。色彩提取，例如天空的蔚蓝或森林的翠绿，可以为设计空间提供生动的配色方案。模仿自然界的肌理，如树皮的粗糙或水流的波纹，能够为空间中的墙面或物品增添真实感和触感体验。自然界的图案，如树叶的脉络或动物的皮毛花纹，经过抽象化或直接应用，创造出独特的装饰效果。同时，借鉴自然界的形态，如山脉的轮廓或云朵的形状，可以启发设计师创造出流畅、有机的设计形态。

进一步，可以探索自然元素在不同材质上的应用，如将岩石的纹理应用于金属表面，或者将水波纹的流动感融入玻璃制品。这种跨材质的设计手法不仅能够创造出新颖的视觉效果，还能够激发人们对自然现象的联想和思考。此外，自然元素的提取和应用也可以考虑时间的维度，例如通过季节变化中色彩和形态的演变，为设计空间带来动态的、随时间变化的美感。

在设计实践中，自然元素的提取不仅仅限于视觉层面，还可以扩展到听觉、嗅觉和触觉等感官体验。例如，模拟自然声音的设计可以为室内空间带来宁静与和谐，而自然香气的运用则能够唤起人们对特定自然环境的记忆和情感。

（二）人文元素提取

1. 民居与服饰

民居建筑和传统服饰是地域文化最直观的体现。建筑的形式、结构、材料以及装饰图案，不仅适应了当地的气候和环境，也反映了居民的生活习俗和审美趣味。例如，某些地区的建筑采用了大量的木材和石材，显示出对自然材料的偏爱和利用，并且民居的形式与图案也都可以进行提取。服饰的色彩和图案则可能蕴含着特定的文化意义和象征着社会地位。在设计中，可以从这些建筑和服饰中提取代表性的色彩和符号，如温暖的土黄色、清新的绿色或具有地方特色的图腾和纹样，将它们融入设计，用以传达地域文化的独特魅力。

2. 历史文化

历史文化是一个地区文化传承的重要组成部分。通过研究历史文献、地方志、碑文和口述历史，我们可以了解一个地区的历史变迁、重要事件、英雄人物和神话传说。这些故事和记载中所蕴含的价值观和世界观，是连接过去与现在的桥梁。在设计时，可以从这些历史文化中提取关键的元素和主题，如历史事件的纪念性符号、英雄人物的形象或神话故事中的象征物，将它们以现代的视角重新诠释，赋予设计以历史的厚重感和文化深度。

3. 风俗习俗

风俗习俗和价值观是地域文化的精神内核。通过参与和观察当地的日常生活、节庆活动、宗教仪式和社交习俗，我们可以深入了解居民的生活习惯、社会关系和精神追求。这些风俗习俗和价值观往往体现在人们的行为规范、礼仪交往和节日庆典中。在设计中，可以从这些风俗习俗和价值观中提炼出核心的理念和情感，如对自然的敬畏、对家庭的重视、对和谐的追求等，将它们转化为设计的语言和形式，以体现地域文化的精神内涵。

二、元素提取与艺术形式融合

在铁路站点设计中融入地域文化元素，是对地方特色的深刻展现，也是提升旅客体验的重要途径。将地域文化元素与传统艺术形式、现代艺术形式、空间基本元素、空间介入形式、介入空间程度、用户体验方式等相结合，可以更好地将提取的艺术化元素应用在铁路站点的设计中。

1. 传统艺术形式与现代艺术形式

在铁路站点设计中，传统艺术形式与现代艺术形式的结合可以创造出一种跨越时空的文化体验。传统艺术如壁画和雕塑，可以展现地域文化的历史沉淀和艺术价值。壁画可以描绘当地的历史故事、自然景观或社会生活场景，而雕塑则可以体现地方特色和民族精神。现代数字媒体艺术则为传统艺术注入了新的活力，通过互动屏幕、增强现实技术，旅客可以更为深入地了解站点的文化背景。例如，增强现实技术可以使壁画中的历史人物"活"起来，向旅客讲述他们的故事，或者让旅客通过手机扫描雕塑二维码，获取更多关于作品的详细信息。这种结合不仅丰富了站点的艺术表现手法，也提高了旅客的参与度和体验感。

2. 空间基本元素

空间基本元素在铁路站点设计中的应用，可以增强空间的美学特征和感官体验。色彩是最直接的视觉元素，可以根据地域文化的色彩提取，使用具有地域特色的配色方案，如使用自然元素的色彩或当地传统服饰的色彩，为旅客营造一个温馨、舒适的等候环境。形态设计上，可以借鉴当地的自然景观或建筑特色，如模仿山脉轮廓或水流形态，创造出流畅、有机的空间布局。材质的选择上，可以使用当地的石材、木材等自然材料，增加空间的地域特色和自然气息。在肌理的处理上，可以模仿自然元素，如岩石的纹理或水波的流动感，为墙面和地面增添质感和动感。通过这些空间元素的综合运用，铁路站点可以成为一个展示地域文化特色和艺术魅力的窗口。

3. 空间介入形式

空间可以根据不同的艺术介入形式，创造出丰富多样的空间体验。点状介入通过在站点的关键位置设置艺术装置或雕塑小品，成为视觉焦点，吸引旅客的注意力，同时也为空间增添艺术气息。线状介入则通过旅客的动线布置艺术元素，如壁画或装置艺术，引导旅客流动，提供连续的体验，同时也可以通过艺术作品讲述地方故事，增强旅客的文化体验。面状介入则是在站点的特定区域，如候车区或休息区，系统性地整合艺术元素，创造沉浸式体验，让旅客在等待的过程中，能够更深入地感受和体验地方文化。通过这种空间形式的划分，铁路站点可以成为一个多功能的艺术空间，满足旅客的不同需求和体验。

4. 介入空间程度

介入空间程度的设计可以根据艺术与空间结合的深度，创造出不同层次的体验。轻度介入通过引入艺术作品或装饰元素来提升空间的视觉和文化价值，同时保持对空间原有功能和结构的最小干预。这种介入方式通过壁画、雕塑、装置艺术等视觉艺术形式，为空间增添美学价值和视觉焦点，但并不改变空间的基本使用功能。中度介入则是一种更为深入的艺术参与方式，它通过艺术作品与空间功能的整合，对空间的氛围和体验进行塑造和强化。深度介入则超越了传统装饰的界限，将艺术与空间的功能性、结构性和体验性融为一体，创造出全新的空间体验。通过这种介入空间程度的设计，铁路站点可以成为一个展示地方文化和艺术的重要平台。

5. 用户体验方式

用户体验方式的创新可以通过参与式、体验式和沉浸式三种介入方式，为旅客提供独特的旅行体验。参与式介入鼓励旅客与艺术作品互动，如触摸屏幕或参与式装置，让旅客成为艺术体验的一部分。体验式介入则通过艺术作品构建旅客的情感期许，如通过艺术作品讲述地方故事，增强旅客的情感体验。沉浸式介入则创造了一个全方位的艺术体验，让旅客在站点的每个角落都能感受到艺术和文化的氛围。这种创新的用户体验方式，不仅能够提升旅客的满意度，也能够加深旅客对地方文化的认识和理解（图4-1）。

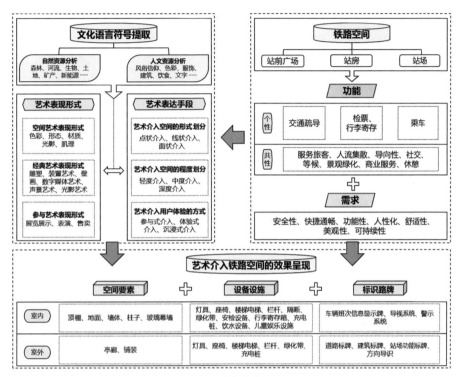

图 4-1 设计方法流程图

第三节 艺术介入铁路站点的挑战与价值

一、艺术介入铁路站点的挑战

1. 人流控制

在全球化和城市化快速发展的今天，铁路站点作为城市交通网络的重要节点，承担着日益繁重的运输任务。不仅涉及候车区的合理布局和规模设置，还包括对进出站通道的宽度、流线设计以及紧急疏散路径的精心规划。

在铁路站点设计中，艺术介入标识系统的设计对人流控制有影响。首先，艺术化标识必须在保持美学特质的同时，确保信息传达的清晰性和易识别性。其次，标识设计需要在高峰时段提供有效的视觉引导，同时避免信息过载，这要求标识的位置、大小和布局需经过精心规划。最后，标识系统必须适应站点所在地的文化特色，同时具备普遍性，以满足不同背景旅客的需求。在动态变化的铁路站点环境中，标识的适应性尤为关键，它们需要在人流密集和环境嘈杂的条件下依然保持功能性。

2. 智能化与绿色化

随着科技的进步和环保意识的提高，现代铁路站点的设计越来越注重智能化技术和绿色设计理念的融合，艺术介入所带来的挑战也随之显现。首先，艺术与技术的整合要求设计师不仅要精通美学，还要理解智能化技术的功能和限制，以确保艺术设计能够增强而非干扰技术的应用。其次，绿色设计的艺术性挑战要求设计师在采用节能材料和优化自然采光的同时，创造出既环保又具有视觉吸引力的空间。最后，平衡效率与可持续性是另一个关键点，艺术介入需要在提升站点运营效率和实现长期环境目标之间找到恰当的平衡。艺术介入铁路站点的智能化与绿色化设计，是一个需要综合艺术性、技术整合、文化表达、可持续性等多方面因素的复杂过程。

3. 文化传承与创新

铁路站点作为城市的门户和文化象征，承载着丰富的地域文化和历史记忆。在进行站点空间设计时，深入挖掘和理解地方文化特色，将传统文化元素与现代设计手法相结合，展现出站点的独特魅力。其中，包括使用具有地方特色的建筑材料、借鉴传统建筑形式、展示当地艺术作品等，以增强站点的文化认同感和历史厚重感。同时，创新也是文化传承的重要方面，需要不断探索新的设计语言和表现形式，使站点空间既能反映传统文化的精髓，又能展现现代设计的创新精神。在创新与传统的协调上，设计师面临着如何在保留历史价值的同时，融入现代艺术和智能技术的难题。

4. 艺术与空间融合

铁路站点不仅是旅客出行的场所，也是公共艺术的重要展示平台。艺术的引入能够提升站点的美学价值，丰富旅客的感官体验，使旅行过程变得更加愉悦和有意义。考虑如何将艺术作品、装置、壁画等艺术元素与站点空间进行有机结合，创造出富有感染力的空间氛围。其中，涉及公共艺术项目的策划、艺术作品的选址和展示方式等，要求具备跨学科的视角和创新思维。

艺术与空间的融合不仅能够美化站点环境，还能激发旅客的想象力和创造力，使铁路站点成为城市文化生活的重要组成部分。通过艺术与空间的巧妙结合，铁路站点不再是冰冷的建筑，而是充满生机和活力的文化空间。

二、艺术介入铁路站点的价值

艺术作为一种独特的表达方式，能够唤醒人们对生活真实感受的体验。人们虽存活于世间，却很容易忘却自身的存在，正是现代艺术和思想的成就让人们记起自己存在的价值。艺术介入铁路站点设计的价值在于其能够多方面地丰富和改善站点空间及其与城市和乘客的互动关系。

1. 空间美学与文化价值的重塑

艺术介入铁路站点，通过引入雕塑、壁画、装置艺术等元素，增强了空间的视觉吸引力和文化深度。这种设计不但提升了站点的美学标准，而且通过艺术作品传递的文化故事和象征意义，加强了站点作为城市文化展示窗口的功能。艺术作品的引入使得每个站点都具有独特的识别性，成为城市文化的一部分，提升了乘客的体验和对城市环境的认同。

2. 地域特色与文化差异的表达

艺术介入铁路站点设计强调地域文化的独特性，通过展示具有地域特色的艺术作品，如反映当地工业历史的金属艺术品或地方传统图案的壁画，使站点空间成为地域文化的展示平台。这种表达不仅让站点空间具有地域文化的可视性，还促进了乘客对不同地域文化的认知和尊重，加深了对地域文化特色的认同。

3. 情感交流与社会和谐度的增强

艺术作品具有情感寓意，能够在站点空间中为乘客提供情感交流的场所。艺术介入通过创造具有情感寓意的空间，缓解旅途中的焦虑和孤独感，激发乘客的情感体验。这种情感交流的空间增强了人与人之间的共情和理解能力，提升了社会和谐度。

4. 文化交流与多元共融的促进

铁路站点作为不同文化交汇的场所，艺术介入作为文化交流的平台，促进了不同文化背景的人们之间的交流和理解。艺术作品通过视觉和情感的表达，跨越语言和文化的障碍，构建了一个多元文化共存的环境，增强了社会的包容性和多元性。

5. 经济效益与环境可持续性

艺术介入铁路站点的设计能够带动地区经济的发展，具有独特艺术特色的站点成为吸引游客的目的地，增加了周边商业活动。同时，艺术介入与绿色设计理念的结合，使用环保材料和节能技术，创造出了既美观又可持续的站点空间，减少了对环境的影响，提高了乘客的环保意识。

第五章

艺术介入铁路环境
空间的实践探索

第一节 项目概况

一、中老铁路概况

中老铁路是与中国铁路网直接连通的国际铁路，线路北起中国西南地区的昆明市，向南经玉溪市、普洱市、西双版纳傣族自治州，过中国磨憨铁路口岸和老挝磨丁铁路口岸，进入老挝北部地区。然后继续向南经老挝琅南塔省、乌多姆赛省、琅勃拉邦省、万象省，到达老挝首都万象市。中老铁路线路全长1035千米，分为昆玉段、玉磨段与磨万段三段，全线新建车站38座。中国段新建车站18座，其中客运业务车站有11座，货运业务车站有6座，其他为技术作业站；老挝段新建车站32座，初期建设20座，预留12座，其中客运业务车站有10座，货运业务车站有7座，其他为技术作业站。

1. 经济价值

中老昆万铁路，即"中老国际铁路通道"，简称"中老铁路"，于2015年12月2日开始建设，2021年12月3日全线通车。线路北起云南省昆明市，向南至终点老挝首都万象。这条铁路既是中老两国经贸往来的重要桥梁，又是带动沿线地区经济发展的新引擎，是中老两国经济发展的重要路线。

中老铁路的建成，标志着一个重要的经济里程碑，它为老挝这个内陆国家提供了一条通往国际市场的通道，实现了从"陆锁国"到"陆联国"的转变。它作为连接两国的交通大动脉，显著提升了其贸易活动的便捷性。这条通道的开通为两国带来了可观的经济效益，也为双边贸易的繁荣与发展起到了推波助力的作用。同时，铁路沿线自然景观丰富、历史文化底蕴深厚，为文旅事业的兴起提供了得天独厚的条件。沿着铁路线一路前行，游客不仅可以欣赏到壮美的自然风光，还可以身临其境地感受到浓浓的人文气息，感受一次与众不同的旅途。

铁路通过优化运输组织、提高列车运行速度、加强信息化建设、宣传吸引更多客户选择中老铁路作为物流通道等措施，不断提高运输效率提升服务水平。此举在提高铁路运营收入的同时，也为沿线地区的经济发展注入了新的生机，铁路沿线地区积极发展特色产业和旅游业，促进沿线经济多元化发展。借助铁路的便利交通，中老两国及周边地区更加紧密地联系在一起，为区域内提供了更加广阔的经济合作与发展空间。

2. 文化价值

中老铁路不仅是中国、老挝两国联系的交通枢纽，也是文化交流的纽带。

作为连接中国、老挝的重要交通干线，中老铁路展现出多重人文特色，在经济和运输等方面具有重要意义。

从多民族的角度来看，中老铁路穿越了多个民族聚居区，沿线包括汉族、彝族、哈尼族、基诺族、傣族等多个民族和地区，这些民族均有着各自独特的文化传统和生活方式，它们的存在使中老铁路沿线呈现出一幅多姿多彩的民族图景。中老铁路的全线贯通使得中国各民族的文化传统和风俗习惯在铁路建设和运营过程中得到了充分的尊重和保护，促进了各民族之间的沟通与融合。

从多文化的角度来讲，中老铁路也是文化交流的一个渠道。它把中国和老挝两个历史悠久、文化灿烂的国家连接起来，使两国文化相互借鉴，铁路沿线的人文底蕴为旅客出行提供了丰富的人文体验。中老铁路沿线更是一条文化艺术长廊，既见证了沿线地区的悠久历史，又展现了丰富而珍贵的历史文化遗存。这不但对我国的工程建造水平在国际上的口碑起到了促进作用，而且对铁路沿线国家的建设起到了一定的带动和借鉴作用。通过建设中老铁路，中国高铁技术在国际上增强了文化软实力，同时得到了广泛的传播和认同。

3. 生态价值

中老铁路的建设不仅是一项重大的交通工程，更是对沿线生态环境保护和可持续发展的一次重要实践。在生态保护与和谐共生方面，铁路设计和施工过程中，充分考虑了对沿线生态系统的保护，通过科学规划和精心设计，尽可能避开生态敏感区域，减少对自然环境的干扰。同时，铁路建设中采用了生态友好型材料和技术，如使用低噪声、低振动的轨道设计，以减少对野生动物的干扰。

在生物多样性的维护上，中老铁路采取了一系列措施来保护和维护沿线丰富的生物多样性。例如，通过建立生态廊道和野生动物过道，确保野生动物在铁路两侧的安全迁徙，减少了人类活动对野生动物栖息地的影响。此外，铁路的开通为生态旅游提供了便利的交通条件，使得游客能够更加便捷地访问沿线的自然保护区和自然景观，有助于提升当地旅游业的发展，也为游客提供了亲近自然、体验生态之美的机会。

中老铁路的运营还推动了绿色出行，作为一种高效的公共交通工具，相较于公路运输，铁路能够承载更多的乘客和货物，同时减少碳排放和环境污染。这有助于推动区域内的绿色出行，减少对化石燃料的依赖，促进区域环境的可持续发展。同时，铁路的建设和运营过程中，注重对沿线居民进行环境教育，提高他们的生态保护意识，通过各种宣传活动和教育项目，增强了公众对生态环境保护的认识和参与度。

二、工作坊概况

（一）工作坊背景

"互鉴之美——中老铁路沿线站点文化空间设计工作坊"为重庆市教育委员会2023年国际化特色项目之一。工作坊以"互鉴之美"为主题，由四川美术学院联合老挝国立美术学院、柬埔寨皇家艺术大学、泰国艺术大学共同开展。

中老铁路沿线的文化多样性是世界人民共同的财富。铁路站点作为区域交通的枢纽，是推动城市发展和文化交流的关键节点；沿线站点的室内空间设计，也是展示沿线区域艺术文化的重要窗口。工作坊旨在通过中老铁路沿线站点的室内空间设计，将中老铁路沿线站点转变为文化交流的线路和桥梁，将其建设成一道靓丽的跨国、跨文化的风景线，为区域与铁路沿线城市发展注入新的活力。通过该工作坊的开展，不仅促进了文化的交流，也促进了国际环境设计学术的交流，成为各国联合建设美好人居环境的触媒点。

工作坊汇集了19位杰出的教师与领域专家，以及四国艺术院校60多位环境设计相关专业学生。通过典型站点选取、沿线典型站点调研、国际研讨会、设计辅导、作品点评、成果展览、工作坊结题评图等方式，开展了一系列教学活动。

为确保工作坊的顺利进行，项目初始，师生对中老铁路沿线站点信息进行了深入了解，选取了中老铁路典型的8座客运站点，作为工作坊设计开展的重点站点。并针对各站点沿线的特色自然资源与人文资源展开了深入的现场调研，通过对城市文化主题的探索和挖掘，加深了人们对客运站点文化艺术空间设计的理解。

在深入调研中老铁路沿线自然资源、人文资源以及各站点的室内外环境的基础上，工作坊教师团队运用"艺术介入空间"的理念，引导学生们进行跨文化的空间艺术创新设计实践。并通过定期交叉评图、学术交流等，共同推动设计方案的深化与完善，确保创意与实用性相结合。

最终获得的设计成果不仅展现了中老铁路沿线的文化特色，也展示了各国高校环境设计教育的特色。不仅完成了一系列各具特色的作品，也是一次深入的设计教育交流。

（二）工作坊专家成员（图5-1）

黄红春
四川美术学院
建筑与环境艺术学院
副院长
硕士研究生导师

黄洪波
四川美术学院
建筑与环境艺术学院
系主任
硕士研究生导师

李仙
四川美术学院
建筑与环境艺术学院
讲师

潘召南
四川美术学院
硕士研究生导师

谭晖
四川美术学院
硕士研究生导师

杨吟兵
四川美术学院
硕士研究生导师

张颖
四川美术学院研究员
厦门大学人类学博士后

包茂红
北京大学历史学教授
博士研究生导师

彭兆荣
四川美术学院 中国艺术遗产研究中心首席专家
博士研究生导师

李川
四川美术学院
实验艺术学院院长

孙红林
四川师范大学副教授
人类学博士

靳达望
老挝驻华大使馆参赞

雅达
柬埔寨皇家艺术大学
副校长

卡姆苏克·科翁赛
老挝国立美术学院
校长

尼贤·所奇
柬埔寨皇家艺术大学
秘书处主任

松凡·科明宣
老挝国立美术学院
讲师

韦拉瓦特·西里夫斯玛斯
泰国艺术大学装饰
艺术学院副院长

Supawinee
Charungkiattikul
泰国艺术大学
博士、讲师

乐恩拉姐·布雅丽姬
泰国艺术大学
讲师

图5-1 工作坊专家成员

第二节 实践过程

对中老铁路沿线的自然资源和人文资源进行实地调研是至关重要的，不但有助于深入了解并尊重每个站点所在地的地理特征、生态环境、历史背景和社会文化，而且能够确保铁路项目与当地社区的实际需求和发展愿景相契合。实地调研使我们能够捕捉到每个站点的独特性，从而在站点设计中融入地方特色，增强文化认同感，同时提升旅客的旅行体验。

1. 调研方法

通过实地踏勘、应用遥感技术、跨专业合作等方法的综合运用，沿中老铁路开展了铁路沿线自然资源和人文资源调研，并通过实地走访、拍摄照片、问卷调查、访谈等形式的结合，对站点空间建设展开了调研。调研团队选择了昆明南站、普洱站、墨江站、西双版纳站、磨憨站、磨丁站、琅勃拉邦站、万象站等具有代表性的站点进行深入研究，亲身体验站点的空间环境，观察站点的人流动态、设施布局和周边环境。通过拍摄站点的建筑外观、空间结构、内部设施、人流情况等，记录站点的实际使用状态和空间布局，为后续分析提供视觉资料。设计问卷针对乘客、工作人员及周边居民收集数据，了解其对站点的使用感受、满意度以及改进建议。通过与站点管理者、工作人员、乘客等进行深入交流，获取他们对站点运营、服务、设计等方面的见解和反馈，以便更好地完善相关设计和建设。

2. 调研对象

（1）站点空间设计

调研内容包括站点的建筑设计、空间布局、功能区域划分、导向标识系统、无障碍设计等。考察站点的建筑风格、材料使用、色彩搭配、与周围环境的协调性，是否体现了地域文化特色，是否与当地自然环境和气候相适应。同时，调研内容还覆盖了站点的内部设施，如座椅、自助服务设备、卫生设施、信息服务、休息区、商业区等，进而评估站点内部空间是否合理、流畅，是否满足乘客的使用需求和安全标准。

（2）自然环境

调研站点周边的自然环境，包括地形地貌、植被覆盖、水体等自然要素，评估自然环境对站点的影响，以及站点对自然环境的保护措施。调研站点所在地区的地形特征，如山脉、河流、平原等，分析地形对站点布局和设计的影响。考察地区的气候类型，如温度、湿度、降水量等，评估气候条件对站点的建筑设计和乘客舒适度的影响。调研站点附近的水体资源，如河流、湖泊等，分析水文特征对站点环境和生态的影响。分析站点内外的植物种类、分布、维护状况，以及站点周边的植被类型和覆盖度，评估植被对改善站点微气候和提升生物多样性的作用。

（3）民族文化

调研沿线各站点所在区域的民族构成，了解不同民族的文化特色和生活习惯。考察民族传统建筑风格特点、重要节庆仪式、民族音乐、传统舞蹈、饮食文化、民族图案、历史符号、传统工艺等。

（一）站点建成情况

1. 公共空间

目前，中老铁路的车站公共空间通常设有宽敞的广场，配备展示中国和老挝两国文化特色的雕塑、壁画和装置艺术。这些艺术作品不仅美化了环境，也为乘客提供了文化体验。然而，调研发现，部分站点的公共空间缺乏互动性和教育性设施，如信息查询系统和文化导览标识，限制了乘客对当地文化的深入了解。

2. 候车空间

候车空间的设计通常会考虑乘客的舒适性和便利性，配备了座椅、充电站和信息服务台。部分站点还设有文化主题的装饰，如中国和老挝文化元素的壁画和挂饰。但是，一些站点的候车区在扩充过程中，可能放弃了部分功能性设施，如充足的行李存储空间和残疾人专用设施。

3. 商业空间

商业空间通常位于候车区附近，提供餐饮服务和销售地方特产。这些商业活动不仅满足了旅客需求，也为车站带来了经济效益。然而，部分站点的商业空间可能缺乏多样化的商业形态，如文化体验店和纪念品店，限制了旅客的文化体验和消费选择。

4. 工作空间

经过调研，我们发现许多站点为了提供更多的乘客空间，导致工作空间被极度压缩。原本应为工作人员提供休息和办公的场所，现在可能仅由简单的座椅和临时工作台组成，缺乏私密性和舒适性。此外，工作空间的缩小也影响了车站运营的效率和工作人员的满意度。

（二）沿线自然资源特征（表5-1）

昆明市，作为我国西南地区植物资源的宝库，享有"春城"之美誉，拥有亚热带湿润气候，四季如春，日照充足，为农业、旅游、休闲产业提供了得天独厚的条件。这里分布着多样化的植被类型，包括亚热带常绿阔叶林、针阔混交林等，是"植物王国"的代表，拥有冬虫夏草等珍稀植物资源，也是重要的矿产资源基地，蕴藏着丰富的锌、铅、锡、铜等矿产。

玉溪市，以拥有34种国家重点保护野生植物和735种陆生野生动物资源而著称，其中包括14种珍贵树种和13种国家一级保护动物，其森林以云南松林为主，构成了玉溪市森林的主体，矿产资源以铁、铜、磷等为主。

普洱市，作为云南省重点林区，拥有2个国家级和4个省级自然保护区，森林覆盖率超过67%，是普洱茶的重要产地，茶园面积达2120平方千米（318万亩）。此外，普洱市还拥有丰富的矿产资源，包括黄金、铁、铜、铅等。

西双版纳傣族自治州以其热带生态系统的完整性而闻名，拥有5000余种高等植物和756种野生动物，是"动物王国"和"天然动物园"的代表，同时拥有丰富的水资源和多样的河流系统。

琅南塔省和乌多姆塞省作为老挝北部的2个省份，以其丰富的自然资源和独特的地理位置而著称。琅南塔省以橡胶树种植和珍稀动植物资源为主，乌多姆塞省则以水电开发潜力和矿产资源丰富而知名。琅勃拉邦和万象作为老挝的重要城市，分别以其世界文化遗产和政治、经济、文化中心的地位，展现了老挝的历史和文化魅力。这些地区不仅在自然资源方面各具特色，在文化遗产和生态旅游方面也具有巨大的潜力和价值。

中老铁路客运站点资源评价表　　　　　　　　　　　　表 5-1

站点	高原资源	山地资源	丘陵资源	平原资源	盆地资源	植物资源	鱼类资源	两栖类动物资源	哺乳动物类资源	鸟类资源	爬行类动物资源	水资源	太阳辐射资源	热量资源	降水资源	风资源	大气资源	非金属矿产	金属矿产	能源矿产	水气类矿产	自然旅游资源	人文旅游资源	海洋生物资源	海底矿产资源	海水化学资源	海洋动力资源	来自太阳的能量	来自地球的能量	新能源
昆明南	√					√	√	√	√	√	√	√	√	√	√			√	√	√		√	√						√	
玉溪	√					√	√	√	√	√	√	√	√	√	√	√		√	√			√							√	
峨山	√					√	√	√	√	√	√	√	√	√	√			√	√			√								
化念		√	√	√	√	√	√	√	√	√	√	√	√	√	√				√			√								
元江		√				√	√	√	√	√	√	√	√	√	√			√	√			√								
墨江	√					√	√	√	√	√	√	√	√	√	√			√	√			√							√	
宁洱		√				√	√	√	√	√	√	√	√	√	√			√	√			√								
普洱		√				√	√	√	√	√	√	√	√	√	√			√	√			√								
野象谷			√			√	√	√	√	√	√	√	√	√	√			√	√			√								
西双版纳		√				√	√	√	√	√	√	√	√	√	√			√	√			√								
橄榄坝						√	√	√	√	√	√	√	√	√	√			√	√			√							√	
勐腊						√	√	√	√	√	√	√	√	√	√			√	√			√								
磨憨						√	√	√	√	√	√	√	√	√	√			√	√			√								
磨丁		√				√	√	√	√	√	√	√	√	√	√				√				√							
纳堆		√				√	√	√	√	√	√	√	√	√	√							√								
纳磨		√				√	√	√	√	√	√	√	√	√	√			√				√								
孟赛		√				√	√	√	√	√	√	√	√	√	√							√								
孟阿		√				√	√	√	√	√	√	√	√	√	√			√				√								
琅勃拉邦			√			√	√	√	√	√	√	√	√	√	√			√					√							
嘎西			√			√	√	√	√	√	√	√	√	√	√							√								
万荣			√			√	√	√	√	√	√	√	√	√	√								√							
蓬洪			√			√	√	√	√	√	√	√	√	√	√							√								
万象			√			√	√	√	√	√	√	√	√	√	√			√					√						√	

第三节 工作坊实践成果

一、中老铁路行李存放装置概念设计方案

在调研中老铁路的过程中，该小组首先分别从文化设计、形象设计、符号设计、色彩设计和造型设计五个方面，对中老铁路的昆明南站、墨江站、普洱站、西双版纳站、磨憨站和万象站依次进行了总体定位，对每个站点的风格特征和初步设计有一个整体把握。其次，通过出行中停留老火车站期间，小组成员敏锐地观察到火车站由于行李箱储存设施的缺失造成了乘客的不便。乘坐飞机可以托运行李箱等大件物品，但乘坐火车、高铁时，行李箱等大件物品需随身携带直至火车上。同时，火车站服务设施主要集中在卫生间、饮水区，乘客在使用卫生间或在候车厅闲逛时，对于所携带行李箱等大件行李的处置都十分不方便，因此如何携带或暂时储存行李箱成为该小组设计切入的方向。

为了证实和了解用户具体的需求及预期，该小组在网络上展开问卷调查，共收回174份有效问卷。问卷调查结果显示，44%的乘客会在候车时使用1~2次卫生间，61%的乘客认为使用洗手间时不方便携带行李，55%的乘客认为车站候车厅应该提供行李储存服务。因此，该小组想要设计一款行李储存柜来满足铁路客运站点乘客储存行李的需求（图5-2）。

图5-2　行李存放装置使用流程图

（来源：叶葳蕤 绘制）

这款行李储存柜的设计灵感来源于云南地区特有的文化元素，其借鉴了当地传统宗教用品的外形和功能，并进行了现代化的创新演绎。行李储存柜采用类似轮盘的设计，拥有24个独立的储存格，每个格子都具有一种吉祥的寓意。设计师通过提取传统元素的精髓，简化其形态，将其转化为现代的互动装置。用户在使用这款储存柜时，不仅能够享受到便捷的行李存储服务，还能体验到一种独特的仪式感和文化氛围。行李储存柜的设计巧妙地融合了互动性和精神性，让用户在操作过程中感受到一种心灵上的净化和积累。它不仅是一个实用的存储工具，更是一种传递文化价值和精神内涵的媒介。通过这种创新的设计手法，储存柜既保留了传统元素的美学特征，又赋予了其新的功能和意义。它为用户提供了一个既美观又实用的储存方案，同时也为现代生活增添了一抹文化韵味。

该小组为昆明、墨江、普洱、西双版纳、磨憨、万象六个站点设计了行李储存柜，在外观上均根据当地的特色文化符号进行转译和融合创新（图5-3），在更加符合当地特色的同时也可以作为站点的明信片加以展示。该小组在对中老沿线进行考察的途中共拍摄了420张现场元素照片，选择了其中60张较具有云南特色元素符号的照片，通过提炼加工共制作出6套48张各具当地特色的艺术图案，并融入行李储存柜的设计。从服饰、纹样、宗教信仰、茶文化、传统习俗、民族舞蹈、植物、动物中，提取了各个站点独特的设计元素，如形状、构成形式、色彩、装饰点缀等。每个站点的行李储存柜均根据当地的文化特色进行设计，使得每个站点都具有独特的地方标识，为用户提供了一种了解和体验当地文化的途径。不仅在视觉上增加了站房空间设计的艺术氛围，行李储存柜如同旋转转经筒一般的使用方式，也增强了用户与装置艺术的互动性（图5-4）。

二、磨憨站休憩空间概念设计方案

在考察磨憨站点时，该小组首先从站点室内空间设计、功能、纹样、材质、颜色等方面进行调研，分析其设计的影响因素，总结出磨憨站设计的切入点。其次，对中老铁路文化总体主题进行定位，将这条高铁线上的中老传统音乐文化"串珠成链"。各民族、各地区都拥有独特的乐器，每个族群也会在某种乐器上赋予深刻的文化印记。这些不同的乐器是不同群族生产生活的衍生品，也是人们风俗习惯、文化审美以及民族性格的体现。该概念方案

图 5-3　行李储存柜元素提取转换

（来源：叶葳蕤 绘制）

借助芦笙这一具有象征意义的乐器，探讨中老铁路沿线文化视觉符号数据链的问题。

　　该方案以磨憨站站房空间为载体，将沿线民族乐器以点画线、连线成面，构建从一站一景到一站一韵的特色。通过挖掘沿线分散的民族乐器文化资源，将中老铁路沿线上的系列民族乐器文化作为媒介，进行组装整合，并构建旅客在不同地域站房的记忆点，传统民族乐器的动态和静态化视觉表达将实现乐器与观者之间的共鸣，展现中老铁路沿线丰富多彩的文化魅力，并加强两国文化的交流与沟通。

　　磨憨站空间概念方案通过现代设计手法，依托于传统芦笙乐器，在造型、材料、音色中发现独特的视觉符号，从中概括取舍，解构重构，创意组织，运用线、色、形、意表现独特的乐器抽象视觉形象。将芦笙的形态、

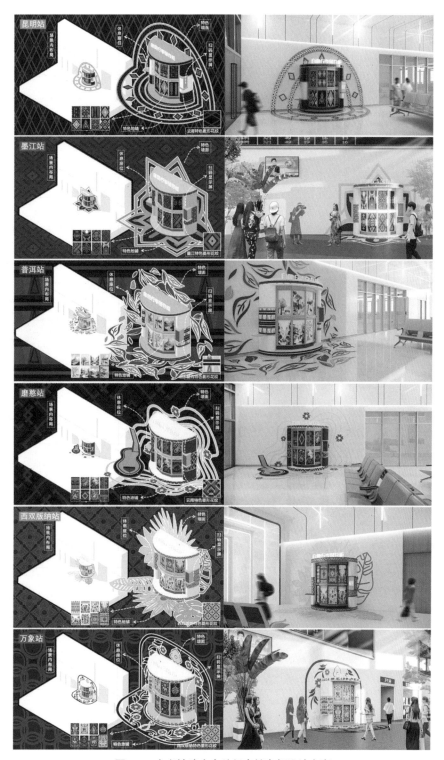

图 5-4　中老铁路火车站行李储存柜设计方案

（来源：叶葳蕤 绘制）

音色、表演形式等元素进行提炼和转化，以动态和静态化视觉表达的方式呈现在站房空间中，提出："芦笙柱"元素的现代性转化与应用；"芦笙调"可视化转译；"芦笙舞"动作的抽象演绎进行空间装饰；"芦笙乐器"形制的拆解运用以及"芦笙制作"材料运用形式创新设计策略。将芦笙多样的表现形式实现从二维到三维的转变，结合交互感应装置，使人在与空间接触的过程中，探索民族乐器在铁路站房演绎的新形式。这些不仅赋予了站房独特的文化魅力，更让旅客在空间中感受到中老铁路沿线丰富多彩的文化氛围（图5-5）。

图 5-5　磨憨站休憩空间概念设计方案

（来源：赵雨嫣、何柯燃 绘制）

三、磨憨站站前广场慢行景观概念设计方案

磨憨站是中老铁路在我国路段的最后一站，属于中老铁路交接站点，是沿线新建的最大火车站。该小组对云南磨憨和磨憨站进行了基础调研，包括磨憨的人文资源、自然资源、地理优势、发展情况、磨憨站景观现状和室内现状。对调研的情况进行分析，总结出云南磨憨具有多元性、乡土性、兼容性三大特点，形成了整体文化定位和中老铁路——两国相互连接的纽带设计定位。该小组在调研设计定位的基础上，以问题为导向，通过艺术介入的手法，分析磨憨站站前广场慢行空间的功能与形式改造的解决方案。

该设计所涉及的构筑物其灵感源自纽带的造型演变，构筑物整体选用竹编材质，以融合环境自然元素、彰显文化特色，并弘扬友好精神。首先，构筑物的形状呼应纽带，以线条流畅、曲线优美的竹编造型为基础，营造出一种自然又具有现代感的艺术氛围。纽带的象征意义巧妙地融入设计，使构筑物本身便具有了强烈的主题性。其次，竹编材质的选择体现了对环境的尊重和可持续性发展的关注。竹子作为一种天然、可再生的材料，不仅具有良好的韧性和耐久性，还符合现代社会对环保的追求。构筑物通过竹编的巧妙运用，将自然元素与人文特色相结合，既体现了古老的手工艺传统，又展现了现代设计的创新。此外，纽带景观构筑物的选址考虑了站点所处位置的独特性，使其能够充分融入周边环境，并在设计中突出中老铁路的相连性。通过合理的布局和形式，使构筑物成为磨憨景观站的一大亮点，同时为过往旅客提供一处可供欣赏、体验、感受当地文化特色的场所（图5-6）。

四、西双版纳站候车区空间概念设计方案

该小组通过对西双版纳进行调研分析，提取当地的自然要素和人工要素，从自然要素中提取了莲叶、丛林、枯木、芭蕉叶，并将其形式转化为点、线、面、体；从人工要素中提取了佛寺建筑屋顶、佛像、佛塔中的构成形式、颜色和质感。以深度访谈的形式总结出西双版纳站点的问题，如站房空间较多的采光导致夏季室内温度过高；站点工作人员的办公空间不合理，其需求得不到满足；要尽可能对西双版纳文化进行宣传；站点空间整体缺乏艺术性等。为了解决以上问题，该小组在调研的基础上，整合了西双

图 5-6 磨憨站站前广场慢行景观概念设计方案

（来源：冉媚、余时洵 绘制）

版纳当地的地理气候、自然资源、民族信仰、传统习俗等要素，基于云南南部和东南亚国家的自然风貌，以自然为创作基础，设计了西双版纳站候车区空间概念方案（图5-7）。

该设计以热带雨林为灵感，提取了热带雨林中的石头、雨水、热带植物等元素，设计了"室内热带雨林""仿山形的木顶棚""空间采光艺术装置"；根据东南亚和西双版纳休闲的生活方式，设计了一种独特的石头形态的"候车区空间"，以便提供给用户更随性坐姿的可能；运用地方"泼水节文化"设计了能在室内体验泼水节的"泼水节廊道"，每年泼水节该装置都会喷出水雾，让旅客感受到地方文化的同时，也有利于降低室内空间的温度。

图 5-7　西双版纳站候车区空间概念设计方案

（来源：蒲正君、吴文杰、柴林 绘制）

五、西双版纳站休憩空间概念设计方案

　　该小组首先对中老铁路沿线及其周边环境进行了深度调研工作，对其云南地区、中老边境的地域特色和历史文化、人文地理风貌、民族特色等有着深入了解，从国家层面、地域层面、地方层面，由大至小地进行艺术介入。

　　该方案从西双版纳地区特有的地域特色、人文风貌和场地现状出发，分析了中国、老挝两国佛塔"点、线、面化"的艺术，分析了佛塔中几何化、具象化、面化的点，弧线、波曲线、折线、直线，以及佛塔中几何形、自然形的面。以此提取了其傣族传统民居建筑结构与特色图式元素，选取西双版纳火车站室内空间的候车区域与商业售卖和展示等区域为设计空间，将其民居结构和图式元素通过平面几何图形进行拆分、解构和重组。结合现有空间的曲线风格，重新应用到实际空间，弥补了火车站部分功能的缺失，展现了候车区域独具特色的地域风格，增加了特色售卖与文化传播与展示的空间（图5-8）。

图 5-8 西双版纳站休憩空间概念设计方案

（来源：文航、柯杨、袁伊然 绘制）

六、普洱站候车区空间概念设计方案

普洱，曾是"茶马古道"上的重要驿站，同时是我国普洱茶的重要产地和最大的产茶区。该小组以中老铁路普洱站空间概念设计方案为主题，将当地古老而历史悠久的茶马古道文化融入车站的方方面面。普洱站的设计灵感源自当地独特的建筑风貌和错落有致的聚落景观。通过提炼屋顶形式并巧妙融合现代建筑语言，打造了既传承古韵又富有创意的建筑形象。运用脱缝、重檐、错落排列和形体嵌入等技巧，结合现代建筑材料和色彩对比。该小组先对普洱站的空间、设施和用户需求进行了分析，建筑外观保留了原车站现代与中国古典元素相结合的风貌，主要对室内环境进行了改造设计。设计体现了中老两国友好合作的目标，同时提取中国与老挝两国传统元素进行室内整体的改造设计。

室内整体风格以明亮的现代简约风为主，地面以浅色大理石砖烘托整体氛围，设计中多次使用了木质装饰，让整个空间充满温馨和自然的氛围。候车区域的座椅以茶叶的造型和老挝民族舞的律动为设计灵感。信息展示区域成为普洱文化与老挝文化友好交流的窗口，通过精美的展板和多媒体展示，向乘客生动展示老挝的发展进程、文化特色、两国友好交流的画面以及普洱茶的发源地、采摘工艺和茶文化的精髓。电子屏幕上播放着两国的文化短片。艺术装置点缀在车站的各个角落，充满老挝特色的手工工艺品和茶叶主题的雕塑和装置艺术，既是对老挝文化以及普洱茶文化的致敬，也为车站增添了浓厚的文化氛围。这一独特的设计理念使中老铁路普洱站不仅成为一个交通枢纽，更是一个充满艺术和文化底蕴的旅行打卡地（图5-9）。

七、昆明站站前广场空间概念设计方案

昆明作为云南省的省会城市，具有独特的地理位置和文化景观，方案选取昆明站站前广场进行景观改造设计。该小组对昆明站站前广场的艺术装置设计、硬件设施、场地绿化、基础设施、功能流线等进行分析。通过对中老铁路各站点文化的梳理，确定该方案的主题定位，充分考虑了当地的地域特色以及老挝沿线站点的特点，融合云南的传统建筑元素，如斗栱、彩画、装

设计灵感 Design inspiration

跌级分析图 Downgrade analysis chart

屋顶
天棚
柱体
幕墙
陈设
造型
一层天棚
基底

前期分析 Upfront analysis

剖面图 Sectional view

平面图 plan

图 5-9 普洱站候车区空间概念设计方案

（来源：程逸欧、孙思思、孔佳惠、王一深 绘制）

饰花板等，以及云南石材，致力于为来往的旅客提供一个兼具实用功能与民族特色的游憩空间。

昆明站站前广场的总体规划方案首先选取云南的孔雀元素进行提取与变形，孔雀作为傣族文化的象征，代表着美丽、自由和祥和。孔雀羽毛独具魅力的色彩以及多变的弧度是灵感来源，通过将这些要素进行现代化的转译后融入广场的地面、座椅、花坛等元素，增加广场的视觉效果和艺术效果，并通过平面图案几何化、景墙、景灯等形式再现孔雀魅力，同时也传递出傣族文化的独特魅力。

此外，通过对于沿线铁路站点建筑的考察，该小组发现无论是境内还是境外，在其站点建筑的屋顶形式上，均热衷于使用多层屋顶叠加的叠层檐顶，这些层次包括二层、三层，甚至更多。独具老挝特色的叠层檐顶通常使用木材、竹子、茅草等传统建筑材料。由此提出"中老之谊，叠层阡陌"的理念，方案中的入口标志区域以及中心游玩装置结合了叠层屋顶的形式，对场地进行了增色，期望此装置能够承载中老铁路共同的记忆，传达中老友谊的美好愿望（图5-10）。

图5-10 昆明站站前广场空间概念设计方案

（来源：胡少鹏、李诗毓、毕思琦、牛曦阳 绘制）

第四节 艺术介入空间的未来展望

一、艺术介入空间的发展趋势

(一)多样化的艺术形式

随着艺术与科技的结合日益紧密,艺术作品的创作手段和表现形式将更加多样化,包括数字艺术、虚拟现实艺术装置等,为铁路站点带来视觉上的全新体验和互动参与。这些创新的艺术形式将不断刷新旅客的视觉体验,提供沉浸式和互动式的参与机会,使艺术作品成为站点内的亮点,吸引旅客的注意力并激发他们的想象力。

(二)个性化的艺术表达

艺术作品更具个性化,反映出艺术家的独特视角和创新思维,满足人们对个性化空间的需求。这种个性化的艺术表达将满足现代社会对个性化空间和独特体验的追求,使每个铁路站点都拥有独一无二的艺术氛围和文化标识。

(三)情感共鸣与互动交流

艺术作品作为情感沟通和交流的媒介,引发乘客的思考和情感共鸣,提供了更为丰富的艺术体验。通过艺术作品,旅客不仅能体验到美学上的享受,还能在匆忙的旅途中找到情感上的共鸣点,促进人与人之间的交流和理解。

(四)技术融合与创新

艺术品将融入更多科技元素,如数字化技术和人工智能,实现与铁路站点空间的深度交互与融合。这种技术融合不仅增强了艺术作品的表现力,也为旅客提供了新奇的互动体验。

（五）可持续性与环保

艺术作品将更加注重环保和可持续性，采用环保材料和节能技术，可减少对环境的影响，同时传承和弘扬了地域文化特色。

二、艺术介入空间对未来社会的影响

（一）文化多元化与社会创新

艺术介入铁路站点空间将推动文化多元化，激发创造力和想象力，促进社会文化进步和创新。通过展示来自不同文化背景的艺术作品，铁路站点将转变为文化交流的前沿阵地，让过往的旅客在匆忙的旅途中也能更多地接触世界各地的艺术风格和思想。这种多元文化的展示不仅丰富了旅客的体验，也激发了社会创造力和想象力，为社会文化的进步和创新提供了源源不断的动力。艺术家们的独特视角和创新思维，将通过这些作品得以展现，促进不同文化之间的对话和理解，推动社会文化的多样性和包容性。

（二）经济增长与文化消费

艺术介入空间将成为新的经济增长点，吸引观众和旅游者，带动相关产业发展，创造就业和经济收入。随着艺术作品的引入，铁路站点将成为吸引游客的新热点，增加了文化消费的潜力。艺术作品的独特魅力和创意表达能够吸引人们驻足观赏，甚至成为人们特意前往打卡的目的地。不仅带动了文化消费，还可能带动周边商业、旅游业和服务业的发展，为社会创造更多的就业机会和经济收入。此外，艺术介入还能提升城市形象，吸引外来投资，促进地区经济的整体发展。

（三）技术进步与应用创新

技术手段如虚拟现实、增强现实、人工智能等将为艺术作品与铁路站点空间的融合提供更多的可能性，推动科技产业的发展。技术的应用和创新使艺术作品与铁路站点空间的融合更加紧密，创造出前所未有的互动体验。例如，通过增强现实技术，旅客可以借助智能设备看到虚拟的艺术作品与现实空间的结合，或参与到互动式的艺术体验之中。这些技术的应用不仅提升了艺术作品的表现力和吸引力，也为科技产业的发展提供了新的应用场景和市场机会，推动了科技与艺术的深度融合和创新。

（四）社会环境的积极影响

艺术作品与空间融合将注重环保和可持续发展，引导人们关注环境问题，传递环保理念。艺术介入铁路站点空间，将为乘客提供更加丰富、个性化和互动的艺术体验，同时对社会文化、经济、技术和环境产生更为深远、积极的影响。此外，艺术介入还能够提升公共空间的美学价值，改善城市环境，提高人们的生活质量。艺术作品的人性化表达和情感共鸣，能够为人们提供精神上的慰藉和激励，促进社会的和谐与进步。

VI

附　录

附录一 互鉴之美·中老铁路沿线站点空间设计国际工作坊成果

附图 1-1 中老铁路沿线站房环境空间设计 1

（来源：Benyapha Thoprasearch）

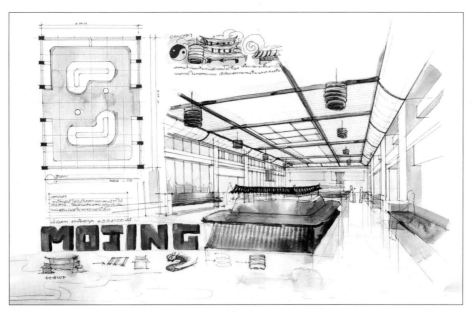

附图 1-2 中老铁路沿线站房环境空间设计 2

（来源：Parnisara Chawalertskul）

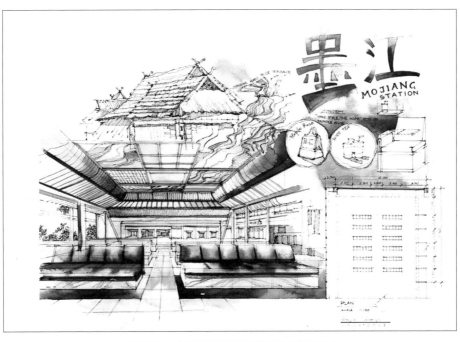

附图 1-3　中老铁路沿线站房环境空间设计 3

（来源：Pitchyapa Pengsakul）

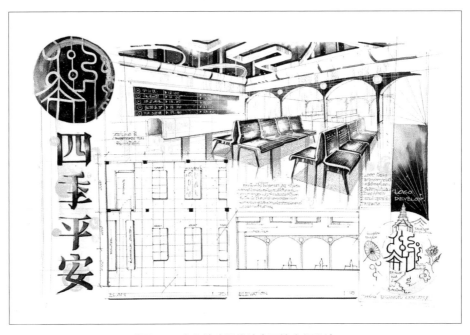

附图 1-4　中老铁路沿线站房环境空间设计 4

（来源：Warrarat Rattanawarrathongchai）

附图 1-5　中老铁路沿线站房环境空间设计 5

（来源：Warot Poonsup）

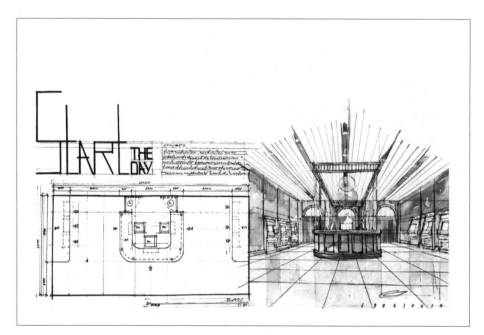

附图 1-6　中老铁路沿线站房环境空间设计 6

（来源：Chutinun Krachangchob）

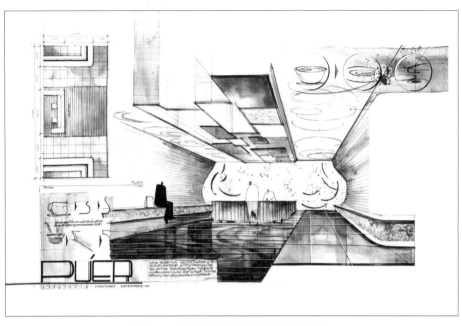

附图 1-7　中老铁路沿线站房环境空间设计 7

（来源：Chantarat Saksamanchai）

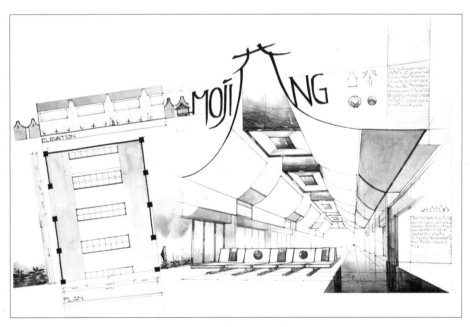

附图 1-8　中老铁路沿线站房环境空间设计 8

（来源：Thanyanan Muninsuppamas）

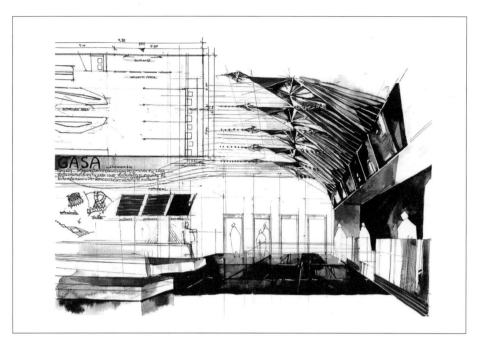

附图 1-9　中老铁路沿线站房环境空间设计 9

（来源：Waralee Lahkul）

附图 1-10　中老铁路沿线站房环境空间设计 10

（来源：Sarocha Vijit）

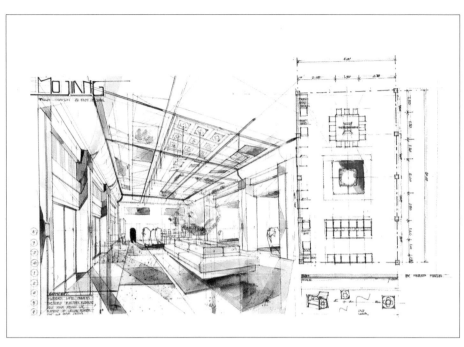

附图 1-11　中老铁路沿线站房环境空间设计 11

（来源：Burin Pipatsiri）

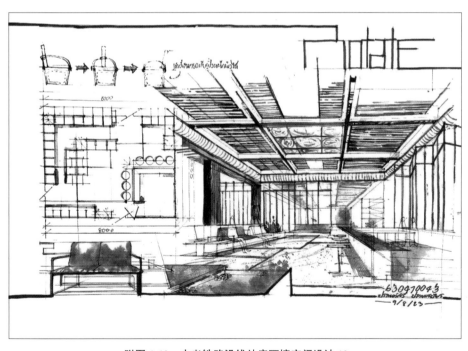

附图 1-12　中老铁路沿线站房环境空间设计 12

（来源：Pransiree Prabsathian）

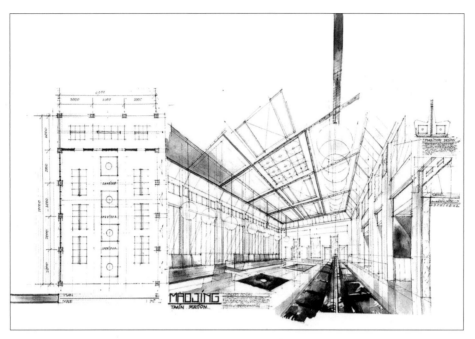

附图 1-13　中老铁路沿线站房环境空间设计 13

（来源：Pakorn Saengow）

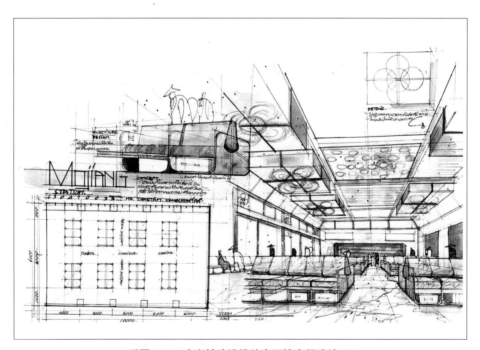

附图 1-14　中老铁路沿线站房环境空间设计 14

（来源：Thartam Kangsadapipop）

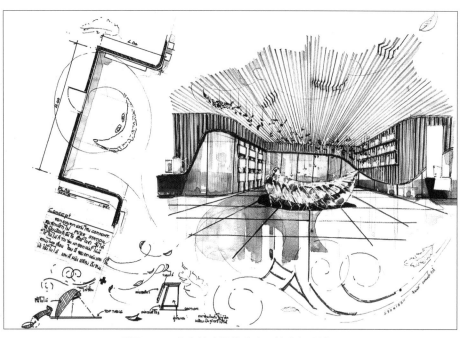

附图 1-15　中老铁路沿线站房环境空间设计 15

（来源：Jinnapat Lhaempawat）

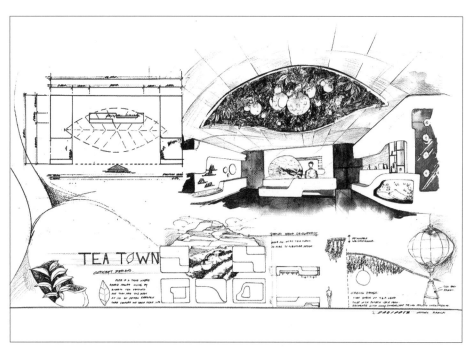

附图 1-16　中老铁路沿线站房环境空间设计 16

（来源：Nattanon Kamnoi）

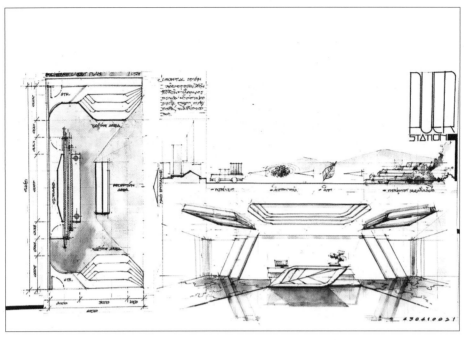

附图 1-17　中老铁路沿线站房环境空间设计 17

（来源：Natapon Booncharoen）

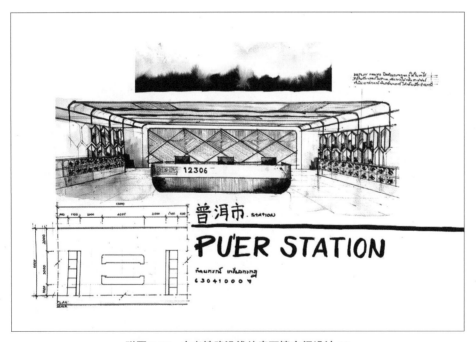

附图 1-18　中老铁路沿线站房环境空间设计 18

（来源：Kanlayaporn Kriangkorakot）

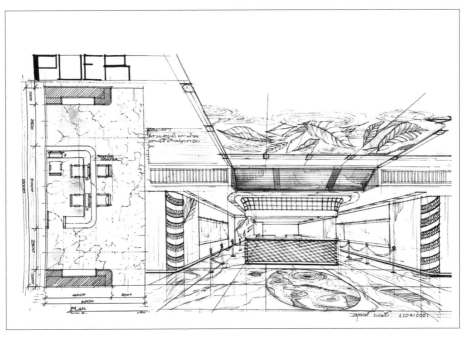

附图 1-19　中老铁路沿线站房环境空间设计 19

（来源：Kittapong Malangpueng）

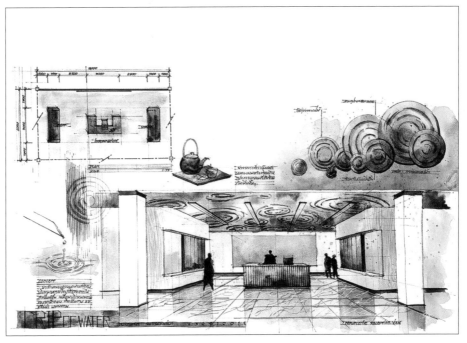

附图 1-20　中老铁路沿线站房环境空间设计 20

（来源：Natchanon Samranpanich）

附　录

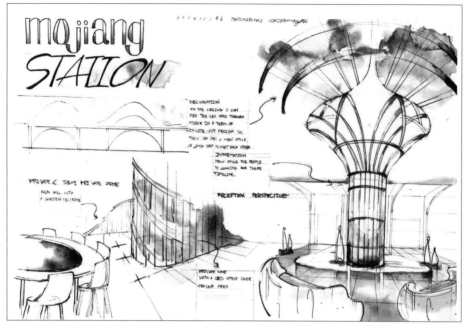

附图 1-21　中老铁路沿线站房环境空间设计 21

（来源：Phatcharamai Siriiammongkol）

附图 1-22　中老铁路沿线站房环境空间设计 22

（来源：Pichayapa Rengsakul）

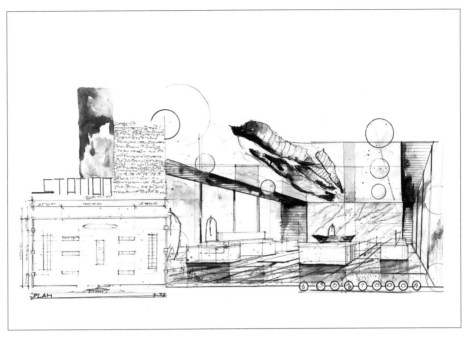

附图 1-23 中老铁路沿线站房环境空间设计 23

（来源：Kavee narongsamut）

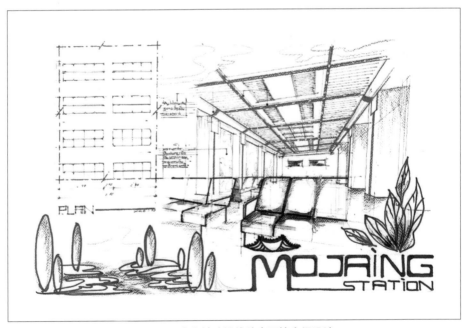

附图 1-24 中老铁路沿线站房环境空间设计 24

（来源：Thanyaluck Chantarasook）

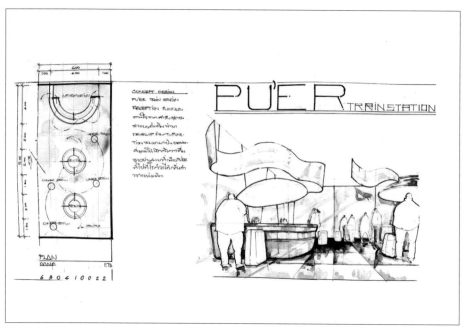

附图 1-25　中老铁路沿线站房环境空间设计 25

（来源：Nattapat Mongkolsolos）

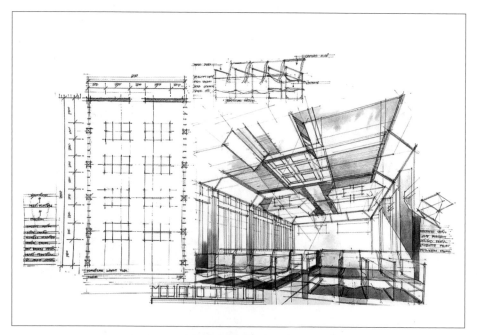

附图 1-26　中老铁路沿线站房环境空间设计 26

（来源：Peeravish Suphap）

Beauty of Mutual Learning
International Workshop on Cultural Space Design of China-Laos Railway Stations.

The interior design and decoration of Xishuangbanna Railway Station seamlessly integrates a variety of design concepts, spanning from tea culture to architecture, creating a harmonious connection between nature and human innovation. The key concept is inspired by the rich tapestry of Chinese culture, traditions, architecture, and craftsmanship deeply ingrained in the way of life. Moreover, it reflects the enduring values of modernity and art that have long been cherished in Chinese culture.

PhD Design Arts, Silpakorn University, Thailand
Designers : Mr.Visuwat Malai
: Miss.Klawkanlayaphon Sawatmongkhonkul

附图 1-27　中老铁路沿线站房环境空间设计 27

（来源：Klawkanlayaphon Sawatmongkhonkul Visuwat Malai）

附图 1-28　中老铁路火车站行李储存柜设计方案

（来源：叶葳蕤 绘制）

附图 1-29　普洱站空间概念设计方案

（来源：程逸欧、孙思思、孔佳惠、王一深　绘制）

附图 1-30 昆明站空间概念设计方案

（来源：胡少鹏、李诗毓、毕思琦、牛曦阳 绘制）

附图 1-31　西双版纳站空间概念设计方案 1

（来源：蒲正君、吴文杰、柴林 绘制）

附图 1-32　磨憨站站前广场慢行景观概念设计方案

（来源：冉媚、余时洵　绘制）

附图 1-33　西双版纳站空间概念设计方案 2

（来源：文航、柯杨、袁伊然 绘制）

附图 1-34　磨憨站空间概念设计方案

（来源：赵雨嫣、何柯燃 绘制）

附录二　工作坊过程

1. 背景

"互鉴之美·中老铁路沿线站点空间文化设计国际工作坊"是由四川美术学院建筑与环境艺术学院环境设计系与国际合作与交流处开展的国际合作教学项目。该工作坊旨在通过环境艺术设计提升中老铁路沿线站点的文化空间品质，促进文化互鉴与文旅融合，推动中外艺术设计及教育的合作与交流（附图2-1）。

中老铁路不仅是一条连接中国和老挝的交通干线，更是一条展现沿途区域自然与人文特色的风景线。该工作坊的开展，不仅为站点注入了新的文化活力，也为参与各方提供了深度交流与合作的平台。

附图 2-1　工作坊启动仪式

2. 参与院校及人员

工作坊组织了中国、老挝、柬埔寨、泰国四国艺术院校的师生代表参与，包括四川美术学院、老挝国立美术学院、柬埔寨皇家艺术学院和泰国艺术大学。四所院校在艺术设计领域都具有各自的教学特色和实践经验，师生们通过此次工作坊的教学实践，不仅提升了自身的专业技能，还增进了对不同文化的理解和交流。

四国师生围绕中老铁路沿线站点展开调研和文化采集，并围绕站点文化空间设计展开多维度的探讨和实践（附图2-2）。

附图 2-2　师生代表

3. 教学安排与过程

工作坊于2023年6月17日在四川美术学院正式启动。活动期间，师生代表沿着中老铁路，对"昆明—普洱—墨江—西双版纳—琅勃拉邦—万象"等重要站点及其周边的民族村、市场、植物园、博物馆等空间进行了为期近两周的调研。调研过程中，师生们深入当地社区，与当地居民交流，了解当地的风土人情和文化特色。他们通过实地考察、访谈、摄影等多种方式，收集了丰富的地域文化特色元素，为后续设计融入当地文化特色提供了重要的参考。同时，邀请当地文化专家进行讲座和指导，进一步帮助师生们拓宽了文化视野，加深了对当地文化的理解（附图2-3～附图2-9）。

附图 2-3　工作坊教师代表参观四川美术学院美术馆

附图 2-4　西双版纳植物园自然考察

附图 2-5　沿线传统聚落考察 1

附图 2-6　沿线重要文化景观考察

附图 2-7　沿线传统聚落考察 2

附图 2-8　沿线博物馆考察 1

附图 2-9　沿线博物馆考察 2

4. 创作形式与成果

工作坊鼓励多样的创作形式和载体，包括室内设计、景观设计、展示设计、装置艺术等。作品涵盖了对沿线自然和人文的理解等主题。设计成果不仅展示了师生们的创意和才华，还体现了不同文化之间的交流与融合。

在创作过程中，师生们充分考虑了站点的地域文化和自然环境特征，力求在设计中再现当地的自然和人文特色。例如，在昆明站的设计中，融入了云南的民族文化和自然景观元素（附图 2-10、附图 2-11）；在琅勃拉邦站的设计中，体现了老挝的传统建筑风格和宗教文化。通过这些设计，站点不仅成为交通枢纽，更成为展示当地文化的窗口，为游客和当地居民提供了全新的文化体验。

附图 2-10　昆明站站前广场设计方案　　　　附图 2-11　昆明站室内设施纹样设计方案

（来源：胡少鹏、李诗毓、毕思琦、牛曦阳 绘制）　　　　（来源：叶蔵蕤 绘制）

5. 意义与展望

　　工作坊聚焦中老铁路沿线站点的文化空间设计，开展的实践与探索，不仅提升了站点的文化品质、促进了艺术与生活的融合，还推动了中老铁路环境保护与可持续发展。通过此次工作坊，四国艺术院校的师生们增进了对不同文化的理解和尊重，建立了长期合作关系，为未来的文化交流与合作奠定了坚实的基础，进一步推动了中老铁路沿线的文化发展和旅游融合。工作坊的举办，不仅为中老铁路沿线站点注入了新的文化活力，也为参与院校的师生提供了宝贵的学习和交流机会。为进一步探索跨国设计教育交流与合作，共同推动文化艺术的创新与发展打下了良好的基础（附图 2-12、附图 2-13）。

附图 2-12　工作坊致力于培养学生的艺术创新能力　　附图 2-13　工作坊致力于培养学生的
　　　　　　　　　　　　　　　　　　　　　　　　　　　　　　　　跨文化交流能力

附录三　教学实践之思考

1. 文化理解与融合

不同国家的文化背景差异较大，师生需要深入理解中老铁路沿线的多元文化，以确保设计作品能够准确反映当地文化特色。通过实地调研和文化采集，师生们深入考察当地传统聚落和文化遗迹，了解当地的风土人情和文化特色（附图3-1、附图3-2）。同时在过程中，邀请当地文化专家展开现场交流和指导，帮助师生更好地理解当地文化。

附图 3-1　沿线聚落文化考察 1

附图 3-2　沿线聚落文化考察 2

2. 设计创新与实用性

本次工作坊设计实践中，强调设计作品的艺术创新，同时满足实际使用需求，确保站点的功能性和舒适性。为此，工作坊采用了一系列科学的设计方法和严格的评估流程。

设计初期，立足美学和功能两个维度进行探索，鼓励学生打破固有思维与传统的空间形式，提出多种创意和设计方案。初步方案形成后，通过数字化模拟使用场景和收集用户反馈等方法，直观地检验设计方案的可行性，及时发现并修正潜在问题。同时，工作坊邀请了专业设计师、工程师及相关专家对设计方案进行评价与辅导。他们从技术可行性、结构安全性、材料选择、成本控制等多方面提出建设性意见，帮助学生优化设计方案，确保其科学性和实用性。通过这一系列实践和评价环节，学生的作品不但在艺术上具有创新性，而且在实际应用中满足站点的功能需求，为使用者提供舒适、便捷的体验（附图3-3、附图3-4）。

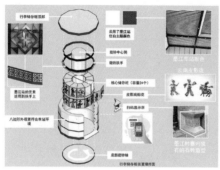

附图3-3　墨江站前期设计方案

附图3-4　专家指导设计方案

3. 跨文化沟通与协作

在工作坊中，来自不同国家的师生因语言和工作方式的差异，沟通和协作存在一定障碍。为此，工作坊专门设立了沟通协调小组，负责翻译和协调工作，确保信息的准确传递。此外，工作坊定期组织团队建设活动，增进师生之间的了解和信任，有效促进了跨文化合作。

4. 可持续发展与环境保护

在本次实践过程中，高度重视可持续发展与环境保护的理念，并将其深度融入设计教学与实践的全过程，积极引导学生在设计中充分考虑对环境的影响，力求使站点的建设和运营能够最大限度地减少对自然环境的干扰和破坏。为此，在设计课程体系中特别增设了可持续发展与环境保护的相关模块，系统地向师生传授绿色设计的理念、方法及前沿技术（附图3-5、附图3-6）。鼓励师生在设计选材时优先选用可再生、可回收的环保材料，同时积极引入先进的节能技术，如太阳能光伏系统、雨水收集系统等，以降低站点的能源

附图3-5　站点人员采访

附图3-6　环保专家进行指导

消耗和运营成本。

　　此外，工作坊还特别邀请了多位在可持续发展领域具有深厚造诣的学者专家，为师生举办专题辅导与分享，并在设计方案的评审过程中提供专业指导，提升师生们的生态意识和设计能力，为中老铁路沿线站点的可持续发展提供了有力保障，为未来的绿色建筑设计树立了良好的示范（附图3-7）。

附图3-7　专家对工作坊成果评审

附录四　教学实践之方法

1. 实地调研与文化采集

工作坊为师生设置了沿中老铁路开展为期近两周的实地调研，收集"昆明—普洱—墨江—西双版纳—琅勃拉邦—万象"等站点及其周边的民族村、市场、植物园、博物馆等空间的地域文化特色元素。通过实地考察、访谈、摄影等多种方式，收集丰富的素材，为设计创作提供基础（附图4-1～附图4-8）。

附图 4-1　沿线特色民族村建筑考察 1　　　　附图 4-2　沿线特色民族村建筑考察 2

附图 4-3　沿线站点考察——西双版纳站 1　　　附图 4-4　沿线站点考察——西双版纳站 2

附图 4-5　沿线站点考察——西双版纳站 3　　　附图 4-6　沿线站点考察——万象站 1

附图4-7　沿线站点考察——万象站2　　　附图4-8　沿线站点考察——万象站3

2. 多学科交叉教学

本次工作坊中我们积极推行多学科交叉教学模式，打破传统学科界限，将环境设计、建筑设计、景观设计、展示设计、装置艺术等多种设计表现形式有机融合。通过这种跨学科的教学方式，师生们能够从不同角度审视和解决设计问题，激发创新思维，提升综合设计能力。工作坊邀请了来自不同领域的专家学者，为师生们举办了一系列精彩纷呈的讲座和指导活动，讲座内容涵盖了从设计理念到技术应用的各个方面，为师生们提供了宝贵的学习机会（附图4-9、附图4-10）。

附图4-9　展陈设计专家进行讲解　　　附图4-10　景观设计专家进行讲解

3. 国际交流与合作

在本次工作坊中，国际交流与合作是核心环节之一。通过与老挝国立美术学院、柬埔寨皇家艺术大学、泰国艺术大学等院校的合作，共同推动项目的实施与深化。设置"工作坊期间""工作坊汇报""方案深化""作品提交"等环节，师生们得以在不同阶段充分交流创意、分享经验、探讨问题，并携手推进设计方案的不断完善。

在工作坊期间，各国师生共同参与实地调研与文化采集，深入交流不同文化背景下的设计理念与方法，为后续创作奠定坚实基础。进入"工作坊汇报"阶段，师生们通过线上线下相结合的方式，展示初步设计方案，接受来自不同文化背景的反馈与建议，拓宽设计思路。在"方案深化"环节，师生们根据反馈进行深入思考与调整，进一步优化设计方案，使其更具创新性与可行性。最终，在"作品提交"阶段，各国师生提交精心设计的作品，这些作品不仅凝聚了他们的智慧与心血，也展现了不同文化之间的交流与融合（附图4-11、附图4-12）。

附图 4-11　工作坊成果汇报与专家评价 1　　　附图 4-12　工作坊成果汇报与专家评价 2

4. 实践与反馈

在设计过程中，鼓励师生进行实践操作，将设计方案转化为实际作品。通过亲自动手实践，深入理解设计在实际操作中的可行性和潜在问题。实践过程中，师生们不仅能够验证设计的创新性和实用性，还能够及时发现并解决在材料选择、工艺应用、空间布局等方面的实际挑战（附图4-13、附图4-14）。

为了进一步优化设计方案，建立了完善的用户反馈机制。在作品初步完成后，工作坊邀请了潜在用户，包括铁路乘客、当地居民及相关工作人员，对设计方案进行实际体验和评估。通过问卷调查、现场访谈和使用观察等多种方式，收集用户的真实反馈，了解他们对设计功能、舒适性、便捷性

附图 4-13　专家对工作坊成果研讨 1　　　附图 4-14　专家对工作坊成果研讨 2

等方面的评价和建议。这些反馈为师生提供了宝贵的视角，帮助他们从用户的角度出发，进一步完善设计方案，使其更加贴合实际需求，更具创新性和实用性。

5. 小结

中老铁路沿线站点空间文化设计国际工作坊秉持着开放与创新的理念，综合运用了实地调研、多学科交叉教学、国际交流与合作以及实践与反馈等多元策略，致力于提升学生的文化理解能力、设计创新能力、跨文化沟通与协作能力、可持续发展与环境保护意识等。

工作坊成果力求提升中老铁路沿线站点的文化品质，使其成为展示当地文化的窗口。同时，进一步推动四国艺术院校之间的交流与合作，为未来的文化交流与合作奠定了坚实的基础，也为全球文化艺术的交流与创新贡献了积极力量。

附录

参考文献

[1] 孙萍.基于现象学的艺术介入空间设计研究[D].北京：中央美术学院，2021.

[2] 谷嘉洁.公共艺术介入地铁空间的美学应用研究[J].美与时代（城市版），2021：82-83.

[3] 刘焕焕.装置艺术在商业空间中的应用表现研究[D].兰州：西北师范大学，2023.

[4] 迟家琦，荆译贤.光影艺术在展示空间设计中的应用研究[J].家具与室内装饰，2021：106-109.

[5] 安江.基于深度学习的地铁站建筑空间智能辅助设计研究[D].北京：北京交通大学，2021.

[6] 王崇恩，宋昊.晋西窑洞建筑特征符号学研究[J].建筑与文化，2021：250-251.

[7] 吴琼.符号学视域下红色展馆展示设计研究[D].杭州：浙江理工大学，2023.

[8] 古婷.设计符号学在图形设计教学中的结合与运用[J].大众文艺，2010：261-262.

[9] 向丽，赵威.艺术介入：艺术乡建中的"阈限"——兼论审美人类学的当代性[J].广西民族大学学报（哲学社会科学版），2021：120-128.

[10] 周彦华.艺术的介入：介入性艺术的审美意义生成机制研究[M].北京：中国社会科学出版社，2017.

[11] 刘月月.艺术介入商业空间的设计策略研究[D].广州：华南理工大学，2021.

[12] 王洋.公共艺术介入城市交通枢纽空间的体验设计研究[D].桂林：广西师范大学，2021.

[13] 未国斌.基于地域文化特色的高铁站前广场景观优化设计[D].石家庄：石家庄铁道大学，2022.

[14] 盛晖.超越交通：铁路客站设计的演进与创新[M].武汉：华中科技大学出版社，2021.

[15] 吴婕.基于城市双修背景下的铁路沿线景观设计[D].长沙：中南林业科技大学，2019.

[16] 关琳琳.铁路沿线的景观设计研究[D].咸阳：西北农林科技大学，2010.

[17] 陈蕾西.高铁站房内部空间装修设计研究[J].新材料·新装饰，2023：39-42.

[18] 姜乃婧.铁路站房空间形态与结构一体化实践——以汕头站室内设计为例[J].城市建筑空间，2023：126-128.

[19] 李春舫，尹博维.随州南站[J].当代建筑，2023：106-113.

[20] 王楠.高铁站房绿色设计策略与模拟验证研究[D].天津：天津大学，2021.

[21] WARCHOL P, BERTRAND V.香港西九龙站中国香港[J].世界建筑导报，2022：90-93.

[22] 罗晓东，李津，刘海峰，等.雄安高铁站近零碳城市交通枢纽[C]//国家电网有限公司.国家技术标准创新基地（智能电网）雄安新区能源互联网标准化试点论文集.北京：中国标准化，2023：56-63.

[23] 张玉宾.苏州火车站站前广场景观提升改造设计研究[D].咸阳：西北农林科技大学，2019.

[24] 刘亚刚，李鹏飞.地域性文化特色在高铁站房空间环境中的设计表达——以南阳东站为例[J].华中建筑，2024：46-50.

[25] 郭雪飞，于晨，王锋.铁路客站"新界面"——标志性空间内向化的思考与研究[J].建筑技艺，2023，29（26）：68-73.

[26] 郭瑞霞.地域文化在铁路客站内部空间的细部体现[J].铁道勘察，2020，46（3）：78-83，94.

[27] 贺秀霞.我国现代铁路客运站中站场空间设计的若干趋势与它的交通流线初探[D].西安：西安建筑科技大学，2008.

[28] 张博涛.城市设计视角下的高铁站前广场设计研究——以乌鲁木齐高铁站为例[D].兰州：兰州交通大学，2019.

[29] 杨岷源，郭世浩，彭林放.建筑传统的延续与创想——阿托查火车站[J].建筑与文化，2012，（5）：67-70.

[30] 杨举明.对中老铁路主要选线原则的探讨[J].高速铁路技术，2012，3（5）：67-70.

[31] 徐旌，张猛，唐娇.中老铁路——高质量共建"一带一路"的标志性工程[J].云南地理环境研究，2021，33（6）：67-72.

[32] 黄小平.符号融合理论视野下的中老铁路媒介形象研究——以中老铁路纪录片《友谊之路》为例[J].普洱学院学报，2024（2）：30-35.

[33] 谷峰.中老铁路："一带一路"上的黄金线路[J].一带一路报道（中英文），2022：20-35.

[34] 张红波.共建"一带一路"赓续中老友谊[N].云南经济日报，2021-11-30（A04）.

[35] 闫永.基于室内光热环境的办公建筑均分型表皮机器学习生成设计——以北京地区为例[D].青岛：青岛理工大学，2023.

[36] 王艳.城市轨道交通TOD项目关键成功因素及影响机理研究[D].天津：天津理工大学，2023.

[37] 于晓航.城市交通基础设施景观设计研究——以大礼路沿线带状公园设计为例[D].北京：北京林业大学，2020.

[38] 张俊杰.建筑结构一体化：从认识到实践[J].建筑技艺，2022，28（4）：14-15.

[39] 曹杨.基于交旅融合背景下的美丽公路景观规划[J].公路交通科技（应用技术版），2018：319-321.

[40] 汪云秀，谢萍.普洱茶叶产业发展状况分析[J].农村经济与科技，2019，30（11）：206-207.

［41］娄方芳.基于环境因素的玉溪市植物选择与保护研究[J].现代园艺，2018（20）：6-8.

［42］周汝永.民族地区公共治理研究[D].北京：中央民族大学，2006.

［43］杜雪飞，郭辉军，曾益群.保护区与周边社区发展研究——以西双版纳自然保护区为例 [J].云南植物研究，2001：194-200.

［44］陈雯.多民族聚居地区的民族间人际交往机制研究[D].昆明：云南大学，2022.

［45］刘宏伟.滇南傣族、桂北壮族传统聚落及民居的对比研究[D].桂林：桂林理工大学，2021.

［46］杨竹芬.布朗族文化研究[M].武汉：武汉大学出版社，2014.

［47］陈国庆.中国佤族[M].银川：宁夏人民出版社，2012.

［48］张云.中国基诺族[M].银川：宁夏人民出版社，2012.

［49］马明玉.白族[M].长春：文史出版社，2010.

［50］赵济舟.中国白族[M].昆明：云南民族出版社，2016.

［51］徐正荣.走进中国瑶族[M].北京：中国民族摄影艺术出版社，2009.

［52］奉恒高.瑶族通史[M].北京：民族出版社，2007.

［53］徐祖祥.瑶族文化史[M].昆明：云南民族出版社，2001.

［54］李亚起，叶辉.乡村振兴视域下云南彝族服饰形态的文化传播与对外形象建构[J].新楚文化，2024：93-96.

［55］金尚会.中国彝族文化的民族学研究[D].北京：中央民族大学，2005.

［56］黄开正，王鹏，李想.彝族饮食文化旅游资源挖掘与现状分析——以凉山州为例[J].四川旅游学院学报，2019（4）：10-13.

［57］彭伟.哈尼族服饰装饰元素分析和研究[D].昆明：云南艺术学院，2016.

［58］刘婷.休闲民俗与文化传承[M].北京：中国社会科学出版社，2018.

［59］高黎，刘芳，陈刚.傣族饮食文化变迁的饮食社会学研究——以云南西双版纳傣族自治州为例[J].河西学院学报，2017：64-72.

［60］马小颖.古代云南傣族的风俗研究[D].昆明：云南师范大学，2021.

［61］胡阳全.近年拉祜族研究综述[J].云南民族大学学报（哲学社会科学版），1998（2）：40-45.

［62］晓根.拉祜族传统节日文化特点浅析[J].云南师范大学学报（哲学社会科学版），1996（2）：63-67.

［63］陈昱成.中国苗族文化的民族学研究[D].北京：中央民族大学，2007.

后记

　　"艺术介入"空间设计作为空间品质提升的有效手段，为人们带来了愉悦的空间体验及审美经验，同时由于其创新和多元的手段，为建成环境空间的功能、形态、情境等改变带来了丰富的、弹性的解决方案。本书从"艺术介入"出发，探讨了中老铁路建成环境的文化品质提升，既是对建成环境改造的设计路径探索，也是对艺术介入空间的价值思考。

　　本书的写作源于四个国家四所一流艺术院校共同开展的国际联合工作坊，由于文化背景和办学理念各具特色，四所院校为工作坊师生带来了不同角度的空间观察与认知，其中柬埔寨皇家艺术学院带来的是摄影作品，老挝国立美术学院带来的是铁路站点空间的油画作品。由于本书主要着眼于于铁路站点室内空间设计的探讨，因此没有将以上两所院校的艺术作品展现在本书之中。但由于他们的参与及全过程的深度交流，我们得以感受不同国家的艺术思想和文化，扩展了环境设计师生对艺术空间设计的思考。

　　本书得以出版，是工作坊及书籍出版所有参与者的共同努力。

　　郝宸、刘晏伶担任了本书重要的文字梳理、图片整理及版面设计建议工作；李万曦对中老铁路空间设计基础信息作了详细地梳理；赵雨嫣、蒲政君参与了书籍前期的框架梳理、文字、图片初稿的整理。他们的工作使得工作坊的前期设计和后期研究的成果、思想观念得以系统化呈现。

　　在工作坊期间，来自不同国家的导师带领学生深入调研中老铁路建成环境，分析自然景观、历史文化与空间环境的关系，展开创新创意设计，为站点设计方案提供了宝贵的理论支持与实践指导。

　　工作坊导师：四川美术学院黄红春、张颖、曾岳、彭兆荣、李仙、黄洪波、潘召南、谭晖、杨吟兵、李川；四川师范大学：孙红林；北京大学：包茂红；泰国艺术大学：韦拉瓦特·西里夫斯玛斯、苏帕维尼·查隆卡缇库、乐恩拉妲·布雅丽姬；柬埔寨皇家艺术大学：尼贤·所奇、雅达；老挝国立美术学院：卡姆苏克·科翁赛等。

工作坊学生：四川美术学院2022级设计学环境设计专业全体专业硕士研究生；泰国艺术大学第13届国际项目博士生，2020级室内设计专业全体本科生；老挝国立美术学院松凡·科明宣等；柬埔寨皇家艺术大学山姆·塞塔等。

还有众多从工作坊策划、项目启动到书籍成果落成全过程，给予了支持和帮助的同仁、朋友。

艺术介入空间，有着无限探索的可能，随着时间的推移，新的设计理念、技术进步和社会发展会带来新的挑战和机遇，书中的观点还需要在未来的实践中不断修正和完善。